SALONS
ET
SOUTERRAINS
DE PARIS,

Par MÉRY.

2

PARIS,
BAUDRY, LIBRAIRE-ÉDITEUR
De Paul de Kock, Alphonse Karr, Léon Gozlan, Mme la comtesse Dash, Dumas,
Emm. Gonzalès, Mme Camille Bodin, Théophile Gautier, de Bazancourt, etc., etc.

RUE COQUILLIERE, 34.

SALONS

ET

SOUTERRAINS

DE PARIS.

A LA MÊME LIBRAIRIE, EN VENTE.

NOUVEAUTÉS DE 1850, 1851 ET 1852.

Le Vengeur du Mari, par Emmanuel Gonzalès........ 3 vol. in-8.
Les Amours de Bussy-Rabutin, par Madame Dash.. 4 vol. in-8.
Esaü le Lépreux, par Emmanuel Gonzalès............ 5 vol. in-8.
La Marquise sanglante, par Mme Dash .... 3 vol. in-8.
Taquinet le Bossu, par Paul de Kock .... 2 vol. in-8.
Les deux Favorites, par Emmanuel Gonzalès .... 3 vol. in-8.
La Tulipe noire, par Alexandre Dumas.............. 3 vol. in-8.
Francine de Plainville, par Madame Bodin, roman
   de bonne compagnie entièrement inédit, complet, en...... 3 vol. in-8.
Jean et Jeannette, par Théophile Gautier........... 2 vol. in-8.
La Maison Dombey père et fils, par Charles Dickens,
   traduction de Benjamin Laroche...................... 2 vol. in-8.
Jeanne Michu, la bien-aimée du Sacré-Cœur... 4 vol. in-8.
Les Mystères de Rome, par Félix Deriège .... 6 vol. in-8.
Georges le Montagnard, par de Bazancourt........ 5 vol. in-8.
Clémence, par Mme la comtesse Dash.................. 3 vol. in-8.
Diane de Lys et Grangette, par Al. Dumas fils..... 3 vol. in-8.
Les Confidences d'une Jeune Fille, par Falaize.... 3 vol. in-8.
Salons et Souterrains de Paris, par Méry........ 3 vol. in-8.
André Chénier, par le même...................... 3 vol. in-8.

AVIS.

Par traité régulier et enregistré avec M. Méry, j'ai seul le droit d'autoriser les reproductions de toutes ses œuvres, publiées jusqu'à ce jour, au nombre de vingt-huit volumes.

M. Méry, qui s'est déclaré délié de tout traité antérieur, s'est aussi engagé à ne laisser vendre ni donner en prime tout ou partie de ses œuvres.

En conséquence, toute reproduction sera poursuivie comme contrefaçon.

Paris, le 25 août 1851.

                             BAUDRY.

SALONS
ET
SOUTERRAINS
DE PARIS,

PAR MÉRY.

2

PARIS,

BAUDRY, LIBRAIRE-ÉDITEUR

De Paul de Kock, Alphonse Karr, Léon Gozlan, Mme la comtesse Dash, Dumas, Emm. Gonzalès, Mme Camille Bodin, Théophile Gautier, Méry, etc., etc.

RUE COQUILLIÈRE, 34.

Paris, Imprimerie de Paul Dupont,
rue de Grenelle-St-Honoré, 45.

I.

UNE NUIT DE TERREUR.

Après le coucher du soleil, deux hommes bien connus de nous se promenaient dans une de ces allées sombres et désertes qui conduisent par Saint-Mandé au bois de Vincennes. Ils ressemblaient à deux témoins qui règlent un duel ; aussi, les rares passants, habitués à ces sortes de rencontres, n'osaient pas trop les regarder en face, de peur de s'attirer quelque brutale admonition de spadassin.

— Tu connais mes habitudes, Benoît, disait l'un ; jamais la passion ne me domine au point de me faire oublier la prudence. Je ne crains rien, excepté les procureurs du roi.

— Ma foi! c'est tout ce qu'il y a à craindre en ce monde, cher Pritchard.

— Et en l'autre aussi, en supposant qu'il existe... Benoît, par mes conseils, tu as capté toute la confiance de Célestine...

— Oh! je puis m'en flatter, Rousselin !

— Tu t'es conduit en véritable ami, mon cher Benoît, et tu verras bientôt de quelle manière je t'en serai reconnaissant. Avec ton métier d'avocat on arrive à la fortune à pas de tortue ; avec moi, tu voleras en wagon.

— Je le sais, Rousselin ; aujourd'hui, je me suis décidé à voyager avec toi, malgré les périls de la route.

— Enfant ! il n'y a pas de danger ! pas l'ombre ! Les étourdis seuls se compromettent, et peuplent les prisons, et sont les gibiers naturels des procureurs royaux. Ce sont des imbéciles qui, en jouant aux échecs, croient ne remuer que du bois, et ils perdent la partie. Tu le vois, je reviens toujours à la même comparaison, parce qu'il n'y en a pas de meilleure. Ainsi, par exemple, ce soir, avoue, mon ami, que mon plan est organisé pour un succès invincible. Tu as su avec adresse, écarter les gens dangereux ; tu m'as préparé une maison à peu près vide. Tu as même provoqué ce bon mot de Célestine : *Je veux essayer quelques jours si je puis secouer le despotisme d'une femme de chambre.* Cette nuit, elle sera seule, et rien ne peut la sauver.

— Absolument rien, mon cher Rousselin.

— Il est convenu que tu passes la soirée avec elle jusqu'à minuit.

— C'est convenu, Rousselin.

— Tu mettras la conversation sur des choses sérieuses, et qui endorment comme l'opium. Tu peux même lui faire quelques lectures graves.

— J'ai sur moi un volume du Contrat social.

— Très-bien ! Ainsi, lorsque Célestine

t'aura dit adieu, elle montera dans sa chambre d'un pas de somnambule; ses forces seront épuisées, ses nerfs engourdis; sa pensée sera déjà endormie dans son cerveau.

— Comme vous avez étudié profondément le mécanisme du corps humain !

— J'ai tout étudié, Benoît, et voilà ce qui m'assure une supériorité incontestable sur les autres hommes... pourtant je t'avoue que je ne me suis décidé qu'à toute extrémité à porter des mains violentes sur cette belle Célestine. Si elle m'eût accepté pour amant, nous aurions vécu tous deux en bonne intelligence; mais elle n'a pas même voulu de moi comme ami.

— C'est une folle.

— Non pas, Benoît; tu te trompes; elle n'est point folle; je la connais mieux que toi, et cela me conduit à tout te dire. J'ai découvert son secret ; elle est amoureuse...

— Et de qui ?

— De Lecerf ! je lis dans le cœur des femmes, moi, comme dans mon journal. Elles ne peuvent rien me cacher... Il est vrai que c'est un peu ma faute. C'est moi qui ai lancé ce jeune homme dans le salon de Célestine, pour te donner la réplique. Lecerf est, ou pour mieux dire, était charmant ; il a fait sensation chez la belle veuve, et tu comprends bien que j'ai eu une raison de plus pour l'enterrer vivant comme traître et comme rival. Mon cher Benoît, tu ne sais pas tous les tourments que j'ai soufferts à l'idée que Lecerf pouvait un jour m'enlever cette femme ! moi chassé de ce paradis ! moi, assistant la lévre altérée, comme un Tantale de volupté, au bonheur de deux êtres qui me repoussent du pied dans mon néant! Oh! c'est intolérable! S'il y a un enfer, on ne doit y trouver d'autre supplice que celui-là. Aimer une femme, et la voir sourire à un amant! Tiens! vois-tu, Benoît! ma poitrine se brise à cette pensée! par bonheur, je ne crains plus rien. L'un est mort, et l'autre va m'appartenir.

Les deux hommes étaient arrivés au pied du donjon de Vincennes, et Rousselin, après une pause, changea de ton et ajouta :

— Il faut nous séparer; moi, je vais entrer dans ce village, et attendre onze heures, dans un café, devant le château. Toi, prends une de ces petites voitures, et va préparer ma nuit à Saint-Mandé. Nous n'avons plus rien à nous dire; il ne reste plus que l'action.

— Non, Rousselin, j'aime mieux me rendre à Saint-Mandé en me promenant. J'ai besoin de préparer mon entretien avec Célestine, et le mouvement d'une voiture contrarie la réflexion.

— Comme tu voudras, dit Rousselin; et à bientôt !

Benoît n'entra chez la jeune veuve qu'après avoir fait certains préparatifs concertés avec Lecerf, à leur rendez-vous de la colonne de la Bastille.

Célestine lisait un roman de Balzac, lorsqu'un vieux domestique somnolent annonça M. l'avocat Benoît.

— Monsieur, dit-elle, je quitterai toujours le meilleur des romans pour causer avec un homme d'esprit.

Madame, dit Benoît en s'inclinant, alors je vous prie de ne pas quitter votre livre, et d'attendre une seconde visite.

— Vous êtes trop modeste, monsieur, et en voici la preuve : je ferme mon livre, et nous allons causer. Profitons de notre solitude pour parler de choses intimes. Avez-vous étudié chez moi monsieur Rousselin ?

— Je l'ai vu, madame, mais je l'ai peu étudié.

— Pourriez-vous m'aider à classer cet homme ?

— Je vous aiderai, madame, mais je ne sais si nous réussirons.

— Essayons. Est-il vieux ?

— Peut-être.

— Est-il jeune ?

— C'est possible.

— Est ce un niais ?

— Je ne l'affirmerai pas.

— A-t-il de l'esprit ?

— On pourrait le croire.

— Eh bien ! monsieur, comme moi vous doutez. Mais vous ne sauriez imaginer combien cet homme m'occupe. Il est devant moi comme une énigme et je cherche son mot. Il a d'abord été avec moi d'une convenance parfaite, puis tout-à-coup, il s'est métamorphosé. Il ne paraît dans mon salon que pour jouer au wisth ou dormir clandestinement derrière un vase de fleurs. Il semble que je n'existe plus pour lui, et cependant il vient chez moi avec la même assiduité : j'aime à voir de l'expansion et de la franchise chez les personnes qui me font l'honneur de fréquenter ma société. Ce monsieur Rousselin m'inquiète.

C'est pour moi une connaissance d'occasion ; je ne sais trop ce qu'il fait, ni d'où il vient. Une personne que je connais peu me l'a présenté il y a trois mois... le croiriez-vous, monsieur ? dans certains moments, cet homme me cause une espèce de frayeur ; ses yeux prennent toute sorte d'expressions, et ils ont quelquefois des regards qui me bouleversent et me suivent encore quand il a disparu.

— Ma foi, dit l'avocat en riant, je ne reconnaîtrais guère M. Rousselin au portrait que vous en faites ; il m'a toujours paru un assez bon homme.

— Oh ! ne croyez pas cela, monsieur... Un soir... tenez, je suis toute froide en me rappelant cela... nous avions causé, s'il vous en souvient, d'un vol commis rue Hauteville, à onze heures du matin...

M. Rousselin jouait au wisth, là à cette table; il avait en effet l'air bonhomme que vous dites... moi, je passai devant ce miroir, et je vis dans la glace luire deux yeux comme l'enfer seul en allume de pareils. C'était le regard de M. Rousselin, trahi par le miroir : je me retournai, et les mêmes yeux suivaient les cartes avec un calme parfait. Comprenez-vous cela?

— Je vous crois, madame.

— Aussi, poursuivit la jeune femme, il m'est impossible, malgré la meilleure volonté du monde, de lui faire bon accueil; il m'est antipathique, et à cause de lui, je désire l'hiver pour changer mes habitudes et avoir un prétexte pour renouveler la liste de mes invitations.

Après un moment de silence, Benoît profita d'un mot de transition pour donner une autre tournure à l'entretien. Une gaieté vive succéda bientôt à ce prélude grave qui était, sans doute, l'effet d'un de ces pressentiments assez ordinaires chez les femmes. Aucune autre visite ne vint déranger le tête-à-tête de Célestine et de l'avocat. Minuit sonnait lorsque la jeune femme se retira dans son appartement.

La fenêtre de la chambre était fermée et toute voilée de ses rideaux. Célestine ferma sa porte à double tour et retira la clé, puis elle s'assit devant sa table de toilette, roula ses cheveux avec cette négligence que donne le besoin du sommeil, et se déshabilla ensuite promptement.

Comme elle marchait vers son alcôve, elle entendit ou crut entendre tout près un soupir ou une parole inarticulée.

— C'est le vent qui souffle dans les arbres, dit-elle, dans un monologue à demi-voix, comme pour mieux se rassurer elle-même en s'écoutant parler.

Elle fit un sourire charmant devant son miroir, et se félicita sur sa grâce, sa fraîcheur, sa jeunesse, en termes qu'un homme n'aurait pas désavoués, surtout en un pareil moment; car Célestine, réduite à la plus simple expression de sa toilette, était éblouissante de beauté.

Le même léger bruit se renouvela presque à l'oreille de la jeune femme, et vint troubler cette gracieuse adoration qu'elle se prodiguait avec tant de charme nocturne. Cette fois, un frisson glacial la saisit : les tresses de ses cheveux se tordirent sous la dentelle; le corail de ses lèvres se changea en ivoire mat; ses pieds nus laissèrent échapper ses pantoufles d'odalisque; elle tomba sur un fauteuil, la tête tournée vers une chose épouvantable qu'elle venait d'apercevoir à la fenêtre : la tête d'un homme entre les deux rideaux !

Une main armée d'un poignard tomba devant sa bouche, un bras vigoureux la saisit, une voix sourde prononça ces paroles :

— Pas un cri, ou je vous tue !

La sainte pudeur, qui est le courage des femmes, rendit son énergie à la jeune veuve; elle se leva et engagea une lutte terrible avec Rousselin. La faiblesse devint force, et l'agresseur fut obligé de laisser tomber son poignard pour se défendre contre les efforts du désespoir et la révolte de la pudeur.

Au même instant, la serrure de la porte grinça, et Lecerf parut comme un spectre des Catacombes devant Rousselin.

Il faudrait inventer des couleurs et des mots pour peindre la stupéfaction de Rousselin dans cette minute écrasante.

— Lui ! c'est lui ! murmura-t-il d'une voix sourde, en agitant convulsivement ses bras vers cette impossible apparition.

— Oh ! c'est bien moi, dit Lecerf, et ces armes, dont la détente est sous mes doigts, vont te brûler vif, si tu n'obéis pas à mes ordres... D'abord ne fais pas un pas, un geste, un mouvement.

Cette réclamation était inutile : Rousselin gardait une immobilité de pétrification.

— Madame, ajouta Lecerf, vos véritables amis veillaient sur vous ; mais ils voulaient que le crime se dévoilât dans toute son insolence, afin que le doute ne fût plus permis.

La jeune femme s'était voilée des débris de sa toilette éparse, et on n'apercevait d'elle que de longues boucles de cheveux d'or, dévastés dans la lutte et ruisselant sur des amas informes de mousseline et de satin.

— Tu crois, dit Lecerf, tu crois voir devant toi un fantôme de minuit, un spectre vengeur sorti du tombeau pour t'épouvanter? Eh bien! tu ne te trompes pas. La justice des hommes ne peut pas te poursuivre, et cette idée faisait ta sécurité. Tu savais bien que jamais cette femme n'irait dévoiler les hontes de cette nuit dans un prétoire. Mais voilà, homme de prévision infaillible, voilà ce que tu n'as pas prévu : le fantôme de minuit ! Viens, misérable ! viens, suis-moi ! Tu n'es plus dangereux pour personne; je vais te rendre la liberté.

Rousselin, pour la première fois de sa vie, trouvait un maître, et ce maître était son élève : foudroyé par ce coup inexplicable, il se montra tout disposé à obéir, devant une paire de détentes que deux doigts lestes ne quittaient point, se réservant ensuite le soin d'inventer un moyen ingénieux de se tirer d'affaire, quand le sang aurait repris le calme exigé par la réflexion.

— Madame, dit Lecerf du ton le plus respectueux, j'aurai l'honneur de vous revoir et de tout vous expliquer.

Après ces mots, il fit signe à Rousselin de prendre les devants, et au bas de l'escalier, la stupéfaction du coupable se compliqua, lorsqu'il aperçut son ami l'avocat

Benoît, armé comme une sentinelle, et tout décidé à prêter main-forte à Lecerf.

Les deux jeunes gens placèrent le criminel au milieu d'eux, comme deux gendarmes qui conduisent un accusé. On traversa le jardin, on ouvrit la grille, et à cent pas de la maison de la jeune veuve, on trouva une voiture, dont le cocher dormait d'un sommeil de plomb.

— Je lui ai donné cinq francs d'arrhes pour nous attendre, dit Benoît, à condition qu'il boirait tous les quarts-d'heure en nous attendant. Il m'a trop obéi; mais c'est égal, nous avons besoin d'un cocher ivre pour notre opération.

Rousselin avait repris son énergie, seule chose qui reste quand tout est perdu, et il dit froidement :

— Je devine votre opération ; mais si vous voulez m'assassiner, n'allez pas plus loin.

— Nous ne versons pas le sang, dit Lecerf, c'est la seule de tes maximes dont je veux me souvenir.

— Eh bien ! que voulez-vous faire de moi ?

— Tu es bien curieux ! attends, tu le sauras.

— Lecerf, toi, mon enfant, dit Rousselin d'une voix paternelle, tu as donc osé ourdir contre moi, avec ce traître, un aussi abominable complot !

Deux éclats de rire accueillirent cette apostrophe.

— On voit bien, Rousselin, dit Lecerf, que tu as perdu l'esprit ; quand tu en avais, tu n'aurais pas dit une sottise pareille.

Moi ton enfant ! moi qui sors d'un tombeau où tu m'as enseveli !

Le cocher s'était réveillé à demi.

— Au pont d'Austerlitz ! lui dit Benoît.

Et les trois hommes montèrent.

Un profond silence s'établit dans la voiture. Par intervalle, Rousselin hasardait quelques syllabes de lamentation, qui expiraient sans échos.

Au pont d'Austerlitz, Benoît cria, par le store, au cocher :

— Rue d'Enfer, près l'Observatoire.

Rousselin bondit sur son siége, et après quelques instants, il dit d'une voix calme :

— Ceci demande une explication.

— Comment ! tu ne devines pas ! dit

Lecerf d'un ton railleur, nous te ramenons chez toi.

— Mais il me semble, dit Rousselin en essayant le ton badin, que je saurai bien regagner tout seul ma maison.

— Oh! à pied! si tard! nous ne le souffririons pas, Rousselin.

Rousselin regarda le quai et parut s'agiter en voyant une escouade de balayeurs qui défilaient pour se rendre à leur poste de l'aurore.

— Écoute, Rousselin, dit Lecerf; il est bien convenu qu'au moindre cri que tu pousses, et malgré notre horreur pour le sang, nous te poignardons ici comme un infâme que tu es.

Deux lames d'acier étincelaient dans l'ombre de la voiture, comme deux comètes qui annoncent du sang; les chevaux conduits par un cocher ivre brûlaient le pavé, comme deux premiers prix de l'Hippodrôme. Benoît, qui observait les localités, tourna le bouton de la sonnette, et la voiture s'arrêta.

Les deux jeunes gens descendirent les premiers, et payèrent généreusement le cocher. Puis Rousselin fut replacé au milieu d'eux, et on suivit un carrefour désert, où le gaz n'était pas encore parvenu.

En reconnaissant la porte d'une cour bien connue, Rousselin fit un mouvement de retraite violente, mais deux lames tournèrent leurs pointes sur sa poitrine, et il se résigna.

Benoît ouvrit la porte et poussa Rousselin dans l'intérieur de cette cour, où tant de soins voilaient la trappe des Catacombes.

— Toi, dit Lecerf, toi, Rousselin, qui

connais si bien l'histoire, tu as réfléchi, sans doute, quelquefois sur la peine du talion ? La trouves-tu juste ?

— Assassinez, et ne raillez pas ! dit Rousselin d'une voix sourde.

La trappe ouverte, Benoît alluma une lampe et Lecerf dit à Rousselin :

— Celle-là, je te permets de l'éteindre, nous la rallumerons.

— Mais à toi, à toi, que t'ai-je fait? dit Rousselin à Benoît; je ne t'ai fait que du bien jusqu'aujourd'hui !

— C'est que, moi, répliqua l'avocat, je craignais le mal que tu devais me faire demain.

Rousselin fut conduit dans les profondeurs les plus inextricables du souterrain; Benoît déroulait ce qu'il nommait son cordon d'Ariadne, et Lecerf tenait deux bouches à feu sur la poitrine du prisonnier.

— Je te rends le tombeau que tu m'as donné, dit Lecerf, et si tu fais un seul pas pour nous suivre, je te brûle la cervelle sans pitié.

Benoît fouilla Rousselin dans toutes ses coutures pour s'assurer qu'il ne portait sur lui aucune étincelle conductrice, et satisfait de son examen, il reprit, en marchant à reculons, le même chemin sinueux qu'ils venaient de parcourir.

Après cette expédition, les deux jeunes gens étant sortis de l'inextricable souterrain, amoncelèrent sur la trappe tout ce que la cour renfermait de matériaux et de décombres, et Lecerf dit tristement à son camarade :

— Veux-tu maintenant que je te dise toute ma pensée ?

— Voyons ! dis, j'attends.

— Eh bien ! nous avons fait une mauvaise bonne action.

— C'est possible, Lecerf ; mais je ne la regrette pas.

— Ni moi non plus, mais je désire ne plus avoir à lutter contre des nécessités si terribles.

— C'est aussi mon vœu. Eh bien ! Lecerf, maintenant, puisque nous sommes riches et que nous ne craignons plus ce diable de Rousselin, faisons-nous honnêtes gens, pour changer.

— Je ne demande pas mieux, Benoît... Ah ! si je pouvais aussi me délivrer d'Augusta.

— Qu'est-ce qu'Augusta ?

— Un Rousselin femme.

— Eh bien ! Lecerf, il y a place pour deux personnes aux Catacombes.

— Non, oh non ! celle-là, je l'aime, et elle me tue !... Viens, Benoît, rentrons chez nous avec l'espoir d'être plus heureux demain.

Que de fois, à Paris, au milieu des nuits brumeuses de l'hiver, on voit passer le long des quais, sur les ponts, sur les boulevards, deux hommes qui se parlent bas, et paraissent fort peu se soucier de l'heure noire et des cruelles intempéries de la saison ! Ces deux hommes sont qulequefois d'honnêtes gens, de candides péripatéticiens, amants de la nuit, et brouillés avec le jour, à cause de ses tracasseries ; mais en général ces deux maraudeurs mystérieux viennent d'accomplir une expédition ténébreuse, à l'heure propice où les ministères publics, les exempts de police, les juges d'instruction, les vigilants commissaires savourent les douceurs du sommeil. Ainsi marchaient Benoît et Lecerf après leur tournée à l'Observatoire; et ceux qui les rencontraient, dans une éclaircie de gaz hydrogène, les prenaient pour deux joyeux coureurs d'aventures amoureuses, Almaviva et Figaro, égarés par les mœurs des opéras-comiques, et venant de donner des déplaisirs mortels à quelque tuteur endormi sur la foi du Code pénal.

II.

UN NOUVEAU MONDE PARISIEN.

La bonne ville de Paris n'est connue qu'à sa surface ; si la main de Dieu arrachait l'épiderme hérissé de maisons qui couvre les entrailles du sol dans une circonférence de vingt lieues, les regards seraient épouvantés de cette révélation souterraine, de ces formidables arcanes que n'éclaira jamais le soleil, et qui sont les hideux trésors ensevelis par les siècles avares, et qu'aucun œil ne peut voir, aucune main ne peut enlever. Nous marchons, nous rions, nous dansons, nous jouons sur un tapis composé d'horribles choses, des choses que ne désigne aucune langue et qui attendront toujours un nom.

A l'angle de la chaussée des Martyrs et de l'esplanade qui conduit aux abattoirs de la barrière Rochechouart, est située une maison de modeste apparence qui appartient à ville de Paris. Elle porte le numéro 66. Cette maison ne diffère en rien extérieurement de celles qui l'avoisinent; le rez-de-chaussée et les appartements supérieurs sont occupés par des locataires bourgeois. Mais au-dessous des caves est un escalier qui conduit aux canaux souterrains des aqueducs. Paris en est sillonné dans tous les sens, pour les nécessités de l'approvisionnement de ses innombrables fontaines. Ces aqueducs sont assez larges pour porter bateau, et c'est à la rame que leurs gardiens accomplissent leur travail d'inspection. La maison numéro 66 est une de celles sous lesquelles viennent confluer, dans un vaste bassin, les eaux de différents quartiers. Elle est confiée à la garde d'Acharias; il veille à la maison, mais plus encore à ce qu'aucun profane ne descende dans les souterrains.

Un grand poète a fait un sublime portrait des laideurs horribles du carillonneur de Notre-Dame. Si nous voulions peindre Acharias, ce n'est pas à Victor

Hugo que nous emprunterions ses couleurs. Parfois les amateurs qui recherchent les vieux livres sur nos quais ont retrouvé l'édition première d'un roman de Lesage, le *Diable Boiteux*. En tête du livre se voit une vieille estampe qui représente le héros diabolique, avec un crâne dénudé, le torse rompu et brisé comme le tronc noueux d'un arbre pittoresque, les jambes cagneuses et d'inégale longueur ; avec cela l'œil vif, perçant et moqueur, la lèvre sardonique, le sourire narquois, un ensemble de physionomie enfin qui révèle l'intelligence. Tel est le *Diable Boiteux*, tel serait aussi le portrait que nous pourrions tracer d'Acharias.

Peu de gens connaissent ce nouveau Paris souterrain. A part les préposés administratifs de la ville, on n'y pénètre que difficilement. L'on conçoit d'ailleurs sans peine que de graves raisons de salubrité publique doivent rendre à peu près inaccessible l'entrée des aqueducs. Nonobstant les précautions, il arrive cependant parfois que, mus par la curiosité ou par tout autre motif, des étrangers montent dans la barque du vieil Acharias. L'infernal portier aux trois têtes canines se laissait séduire par des gâteaux emmiellés. Le miel des temps modernes est l'or; c'est la clé magique qui ouvre toutes les portes, lève toutes les difficultés, franchit sans encombre tous les obstacles. Acharias, comme tant d'autres, a maintes fois sacrifié au dieu du jour; l'or a fait descendre dans les canaux souterrains ceux qui n'auraient jamais dû les voir.

Depuis quelques jours, un étranger inconnu fréquentait avec assiduité l'estaminet qui touche à la barrière des Martyrs. Grâce à de copieuses consommations, il avait adroitement pris tous ses renseignements auprès de la dame du comptoir. Il connaissait les habitudes et les tendances bachiques de vieux nocher, ainsi que son avarice ; aussi quand il aborda Acharias sut-il s'arranger de manière à ne pas éprouver un refus.

On descend une centaine de marches d'un escalier tournant et humide avant d'ariver au bassin. L'obscurité serait complète, si quelques lampes sépulcrales ne jetaient de loin en loin une lumière terne, blafarde, vacillante sur les eaux, les voûtes et les parois qui suintent sans cesse sur leurs pierres verdâtres la vapeur refroidie et liquéfiée. La barque marchait, et réveillées par le bruit des rames, les chauves-souris collées aux voûtes et dans le creux des murailles s'envolaient en poussant des cris lugubres. Sur le trottoir étroit qui, à droite et à gauche, borde le canal, on voyait courir d'affreux coléoptères, des lézars, des animaux sans nom, auxquels parfois venaient se mêler des rats gigantesques, quadrupèdes qui osent ou daignent disputer ce domaine aux reptiles. Au loin, l'on entendait les coassements du crapaud, animal hideux qui fuit la lumière comme s'il avait le sentiment de l'horreur qu'il inspire. Non loin d'une de ces lampes dont nous avons parlé, un objet se détacha de la voûte et tomba dans l'eau avec un clapotement sourd, si près de la barque, que l'étranger plongea la main et la retira aussitôt tenant un énorme serpent qu'il rejeta aussitôt avec vivacité.

— Voilà donc vos hôtes ! dit-il à Acharias, qui ramait sans faire attention à tous ces accidents auxquels il était habitué.

— Mes hôtes? Non, répondit le vieillard : mes voisins tout au plus. Je les supporte en leur faisant la chasse ; ce qui m'amuse quelquefois, quoiqu'après tout, ces voisins ne soient pas plus incommodes que la plupart de ceux que nous avons là-haut. Tenez, par exemple, en ce moment nous sommes sous une petite maison du faubourg Poissonnière, que j'ai autrefois habitée, et je vous assure y avoir connu des gens beaucoup plus reptiles que ceux-ci.

— Vraiment, déja nous sommes sous le faubourg Poissonnière?

— Cette lampe vous marque l'angle de

la rue du Faubourg-Poissonnière et de la rue Richer.

— Et où allons-nous de ce pas?

— Si vous le désirez, nous traverserons les faubourgs Poissonnière, Saint-Denis et Saint-Martin ; nous passerons sous toutes les rues latérales que vous connaissez; nous traverserons les chemins de fer du Nord et de Strasbourg, sans que les voyageurs de l'arrivée et du départ se doutent qu'à vingt mètres au-dessous d'eux on voyage en bateau, et je vous mènerai à La Villette. Nous y prendrons terre un instant, et après, je vous ferai passer où vous voudrez.

— Comment où je voudrai?

— Mais oui, répondit Acharias; je puis vous promener ainsi sous tout Paris. L'on passe ici moins agréablement que sur l'asphalte des boulevards. On a toujours devant soi le même horizon, à côté le même compagnon de route. Mais on ne rencontre pas ici ceux qu'on ne veut pas rencontrer. Ici, il n'y a pas d'importun et n'y entre pas qui veut.

Ces dernières paroles furent dites d'un ton qui fit tressaillir l'inconnu. Tout-à-coup le sang lui monta au visage; craignant de laisser deviner son émotion, il alluma un cigare et fuma quelque temps en silence. Acharias avait trop rarement occasion de parler, pour se contenter de cette réserve. Ce fut donc lui qui renoua bientôt la conversation. Un bruissement sourd se faisait entendre dans le souterrain.

— Nous voici sous le chemin du Nord. Ce bruit que vous entendez est un départ ou une arrivée.

L'inconnu tira sa montre.

— Bien, il est trois heures, c'est une arrivée, continua le vieillard. Voyez, voilà deux routes. Par celle-ci, nous irons à La Villette; par celle-là, nous nous enfonçons sous Paris. Choississez. En prenant La Villette, nous arrivons au grand bassin, auquel tous les canaux aboutissent. Par ici, nous reviendrions sur nos pas; nous regagnerions le faubourg Montmartre et la Chaussée d'Antin.

— Et de la Villette, vous pourrez me conduire partout?

— Partout.

— Alors, allons à La Villette.

— Ce ne sera pas long; nous voici en plein faubourg Saint-Denis; nous sommes sous l'hospice Dubois.

— Mais comment vous reconnaissez-vous dans tous ces dédales? Comment savez-vous en détail tous ces lieux? Vous n'avez pas d'accidents de route pour vous guider?

— Dame! des accidents, on en fait. Ailleurs ce sont des arbres, des perspectives, des maisons; ici, ce sont des lampes. Nous voici sous celle qui marque le faubourg Saint-Martin, et puis voilà le petit canal qui alimente le faubourg.

Un second roulement les avertit bientôt qu'ils étaient sous le chemin de fer de Strasbourg. Cette fois, c'était un départ. Acharias fit remarquer à son compagnon combien l'endroit était reconnaissable. En effet, par un accident souterrain des chemins de fer, des voûtes tombaient une quantité innombrable de gouttes d'eau, innocentes cataractes, qui simulaient une averse, tandis que sur les côtés une foule de rigoles laissaient continuellement ruisseler de petites rivières qui apportaient au canal un tribut passager.

Du chemin de Strasbourg à La Villette le trajet fut court et rapide. On prit terre. On revit le soleil et les hommes; on se réconforta, et comme précaution, l'inconnu ne redescendit dans la barque qu'armé d'une bouteille de cette liqueur spiritueuse qu'on fabrique à La Villette et qu'on nous vend à Paris sous le nom de rhum de la Jamaïque. Il avait ses desseins, voilés jusque-là, et pour faire parler Acharias plus à son aise, il ne croyait pas inutile de faire appel à un excitant, que tout nautonier apprécie, même ceux qui voyagent sous Paris.

On se remit en route; on traversa le faubourg dans toute sa longueur, on passa les boulevards, on entra dans le quartier Saint-Martin, et bientôt des scènes étranges se passèrent.

Le compagnon d'Acharias était un homme jeune, dont la taille svelte et souple était dissimulée par un vaste manteau, qui le garantissait contre le froid et l'humidité. Des lunettes bleues cachaient ses yeux, et sa parole brève n'avait point l'accent d'un Parisien émérite. Le flacon de rhum ne resta pas longtemps à fond de cale; et soit l'inconnu, soit Acharias, en avaient déjà amplement usé quand ils pénétrèrent dans les quartiers populeux. La station de La Villette les avait mis en train, et ils causaient déjà comme de vieux amis, après boire. La vérité est dans le vin, dit le proverbe. Nous croyons qu'il n'y a pas de secret pour celui qui perd le sentiment de sa position. Aussi Acharias divulgait-il un à un tous les mystères de l'administration qui se fiait à lui.

— Ici, disait-il à l'inconnu, il n'y a que nous qui passons; encore y passons-nous juste quand il faut renouveler l'huile des lampes, une fois tous les huit jours. Que diable voulez-vous que nous venions faire au milieu de ces rats et de ces lézards qui vous ont tant effrayé? Là-bas, près du logement, passe encore. Les inspecteurs y viennent quelquefois, mais par ici, ils craindraient trop de souiller leurs beaux vêtements et de s'enrhumer. Vous avez voulu tout voir, vous, et vous avez bien fait. Tenez, nous sommes sous le passage des Quatre-Voleurs; une histoire effrayante celle-là. La connaissez-vous?

— Non; mais voudriez-vous me la dire?

C'est mon état à moi d'écouter les histoires pour les redire ensuite.

— C'est un drôle d'état.

— Voici donc le fait en deux mots.

— Je vous écoute.

— Eh bien ! ouvrez toutes vos oreilles. C'était... diable, diable, j'ai oublié la date... C'était en... ma foi, je ne m'en souviens plus.

— Qu'importe, la date ne fait rien à l'histoire.

— Pas toujours, mais ici la date, c'est l'important.

— Contez d'abord ; vous trouverez la date après. Vous la mettrez à la fin de l'histoire au lieu de la mettre au commencement. Vous ferez comme certaines gens quand ils écrivent une lettre.

— Ah! on fait cela quand on écrit une lettre! Alors, où en étais-je?

— Vous en étiez au commencement.

— Cela se passait donc au mois de juillet 1832. Vous savez, le mois de juillet où il a fait si chaud, après la grande bataille du mois de juin. Un jour, en faisant ma ronde comme aujourd'hui, je trouvai là, au pied de cet escalier (et Acharias montrait un escalier qui jadis avait sans doute servi à descendre aux aqueducs), quatre hommes blessés et qui se soutenaient à peine. Ils vinrent à moi et me dirent que depuis trois jours ils avaient épuisé toutes leurs provisions. Ils me demandaient du pain. Je les pris dans ma barque, mais elle était trop chargée. Nous chavirâmes; seul je me sauvai. Les autres se noyèrent.

On n'a trouvé leurs cadavres que deux mois après, au bassin de la Villette.

— C'est affreux !

— Je n'ai jamais dit à personne ce que je savais là-dessus. On m'aurait renvoyé. Les autres de l'administration, à cause des blessures, prétendirent qu'ils avaient été assassinés ; moi qui savais le contraire, je me tus.

— Et c'est pour cela qu'on appelle ce passage des Quatre-Voleurs ?

— Oh ! non pas. Ce nom est bien plus vieux ; il remonte à une époque que nous ne connaissons pas. Et puis, au lieu de prendre ces quatre hommes pour des voleurs, tous ceux qui les virent blessés et mutilés à La Villette les prirent pour des victimes de malfaiteurs inconnus.

La barque avançait toujours ; ils arrivèrent sous le Temple. Là, un nouvel escalier, semblabe à celui qu'ils venaient de passer, se rencontra. Acharias arrêta la nacelle.

— Ici, autre histoire, dit-il. Celui-ci communique à l'ancienne prison du Temple. Quand le roi Louis XVI y était enfermé, des amis voulurent le faire évader par là ; mais le gardien conduisit jusqu'en cet endroit les conspirateurs et puis s'éloigna avec la barque. On n'a pas su ce qu'ils étaient devenus. Ce qu'il y a de sûr, c'est que leurs parents ne les ont jamais revus.

Après un instant de silence, Acharias reprit :

— Nous sommes maintenant sous la voûte Aumaire ; c'est cette lampe à trois becs qui me l'indique. Il y a de cela deux ans, à la Saint-Charles, je me promenais avec un étranger comme vous. Frappé par une vision, il me dit qu'il voyait un combat épouvantable, ses deux frères qui s'entretuaient : il tomba dans le canal. Je l'en retirai à grand'peine plus mort que vif, et le débarquai au carré Saint-Martin, où nous allons arriver. Deux jours après, il revint me voir. Ses deux frères étaient morts ; on lui écrivait qu'ils avaient été tués à la chasse.

Pendant qu'Acharias parlait, l'inconnu se gardait de l'interrompre, laissant à la parole le soin d'achever ce qu'avait si bien commencé le rhum. Seulement, plus ils approchaient du carré Saint-Martin, plus son attention à observer les localités était grande. La bouteille était vide, mais le répertoire du vieux nocher était loin d'être épuisé.

— Si nous allions par là, reprenait-il, par ce petit canal, nous passerions sous la rue Transnonain et bientôt nous arriverions sous l'église Saint-Merry. Mais malgré l'habitude, j'y laisse même quelquefois mourir les lampes. C'est l'endroit le plus horrible des aqueducs. J'y ai vu des lézards et des chauves-souris d'une grosseur prodigieuse.

Cependant, la barque gagnait le bassin du carré Saint-Martin. Sous la rue Frépillon, Acharias prévint son compagnon de ne pas s'étonner s'il entendait un bruit extraordinaire. C'est un courant qui traverse le bassin, et les sonores échos des voûtes, en répercutant le bruit des eaux, lui donnent quelque chose de formidable. Quatre coups de rame suffirent pour arriver au pied de l'escalier qui devait rendre une seconde fois à nos voyageurs la lumière du ciel. Ils mirent pied à terre ; et comme les heures avançaient, ils redescendirent dans l'embarcation, après avoir fait provison de liquides spiritueux.

Acharias n'en avait pas besoin. Son ivresse était presque complète. L'inconnu qui avait moins largement usé du rhum pris à La Villette, le sentait. Mais comme il avait besoin, pour l'exécution de ses projets, de mettre son compagnon dans l'impossibilité de le surveiller, il se ne faisait pas faute de l'encourager à se réchauffer, et les prétextes ne lui manquaient pas au milieu de l'atmosphère humide et froide dans laquelle ils vivaient depuis plusieurs heures. Ils redescendirent donc dans leur barque et continuèrent leur expédition.

Pour laisser, disait-il, reposer Acharias qui devait être fatigué, il lui prit des mains les avirons et rama vigoureusement. On passa sous le conservatoire des Arts-et-Métiers et l'on s'engagea sous le quartier Saint-Denis.

Acharias immobile sur son banc ne parlait déjà plus, et bientôt ce sommeil lourd qui accompagne l'ivresse eut clos ses paupières, de telle sorte que l'inconnu pouvait se croire seul sous ces voûtes souterraines.

Il fit faire un demi-tour à la nacelle et regagna les canaux déjà parcourus. De temps à autre, il arrêtait l'élan des rames, et, posant un pied ferme sur les trottoirs à droite et à gauche, il faisait avec son poignard des entailles profondes dans les murailles, comme s'il eût voulu établir une série de signes, au moyen desquels il devait reconnaître plus tard les endroits par où il avait passé.

Cette opération, qu'il continua jusqu'au passage des Quatre-Voleurs, ne fut cependant pas aussi longue que le sommeil d'Acharias. Après avoir laissé sa trace en face de l'escalier abandoné, l'inconnu revint sur ses pas, et se lança dans un canal latéral. Alors il éveilla son conducteur.

— Je n'ai pas voulu, lui-dit-il, troubler votre sommeil, mais je crains que nous ne soyons égarés. Ramenez-nous au carré Saint-Martin, où je débarquerai, sauf à poursuivre une autre fois plus loin notre excursion.

— Je crois bien que nous sommes égarés, répondit Acharias ; on ne vient pas souvent par ici, et cent mètres plus bas, il ne nous aurait pas été facile de nous en tirer.

Cependant quelques coups d'aviron les ramenèrent dans le grand canal, et une heure après, ils abordaient à l'endroit désiré L'inconnu remerciait et gratifiait généreusement son guide, et pendant que celui-ci revenait souterrainement à la barrière des Martyrs, lui s'élançait dans les grandes et vivantes artères du Paris subterrain.

Ce navigateur souterrain n'avait pas obéi à un puéril sentiment de curiosité ; il avait un but sérieux qui probablement se manifestera au grand jour.

III.

LA PEINE DU TALION.

Le lendemain de l'expédition aux Catacombes, l'avocat Benoît ne perdit pas sa journée ; l'élève de Rousselin avait appris à tout calculer, à tout prévoir, pour ne jamais franchir les dangereuses limites

posées dans certaines pages du Code pénal.
Il se rendit d'abord à la petite maison de
l'Observatoire, où il trouva les deux domestiques de Rousselin fort inquiets.

— Je viens vous rassurer, leur dit-il, et voici une lettre que je suis chargé de vous lire. Votre maître s'est compromis dans de mauvaises affaires industrielles ; il a été victime de son excellent cœur. Je lui ai procuré un passeport pour la Belgique ; il est à Bruxelles en ce moment et à l'abri de toute contrariété. Notre bon Rousselin m'a laissé mille francs pour vous deux, comme récompense de vos bons services : les voici, en deux billets de cinq cents. Gardez le plus profond secret sur toute cette affaire. Allez chercher de l'emploi à l'autre bout de Paris, et remettez-moi les clés de la maison.

Les deux serviteurs versèrent quelques

larmes et firent leurs préparatifs de départ.

Ce point réglé, l'avocat Benoît se rendit à Saint-Mandé, chez la belle veuve, pour connaître ses intentions et agir en conséquence. Il se présenta comme un ami qui sait tout et vient offrir ses conseils et son aide.

— Madame, dit-il, un pareil attentat ne doit pas rester impuni ; que comptez-vous faire ? Mon ami Lecerf et moi nous vous servirons de tous nos moyens.

— Monsieur, dit Célestine, vous rappelez-vous une conversation que nous avons eue un soir, dans mon salon sur le même sujet ?

L'avocat Benoît regarda le plafond, puis le parquet, puis ferma les yeux, comme quelqu'un qui cherche naturellement un souvenir éteint.

— Oui, dit-il ensuite, oui, madame, je crois en effet me rappeler cette... circonstance... vaguement, il est vrai.

— Je vais alors fixer votre souvenir....

— J'écoute, madame.

— Eh bien ! monsieur, je persiste dans ma première idée ; je ne poursuivrai pas ce misérable Rousselin.

— Le crime restera donc impuni ! s'écria Benoît en simulant la stupéfaction.

— Du moins sur la terre, poursuivit la jeune femme ; je laisse la punition à Dieu.

— Ma foi ! dit Benoît, les scélérats s'accommodent très-bien de la justice de Dieu ; c'est le seul tribunal qu'ils ne redoutent point.

— Monsieur, ajouta Célestine, je suis maintenant très-bien placée pour juger cette question si délicate, et je la juge comme je faisais lorsque je n'y avais aucun intérêt personnel. Jamais je n'aurai le courage de venir devant un tribunal pour soutenir une pareille accusation, c'est-à-dire pour y dévoiler les secrets de cette horrible nuit, pour me peindre moi-même dans mon état de victime, et pour exciter plus de curiosité que de véritable compassion. Ce serait un effort au-dessus de l'audace d'une femme. Le misérable comptait sur l'impunité, il avait raison. Au reste, croyez-le bien, je ne suis pas la seule de mon sexe à être réduite à cette extrémité cruelle de laisser un pareil crime sans vengeance. Il y a des tableaux d'intérieur sur lesquels il faut jeter un voile éternel. Il n'y a eu, dans cette affaire, aucun témoin indiscret. J'étais seule chez moi. Mon vieux domestique est déjà parti, et ce soir, je ne serai plus à Saint-Mandé.

— Ainsi donc, madame, dit Benoît d'un ton pénétré, vous traitez la justice comme si elle n'existait pas? Vous regardez un tribunal comme...

— Monsieur, interrompit Célestine, je respecte la justice et les tribunaux, mais je me garderai bien d'avoir recours à eux pour un procès de cette nature. Il est inutile d'insister davantage. Rien ne peut ébranler ma résolution.

C'était justement sur quoi comptait l'avocat Benoît.

Il se leva pourtant de l'air d'un homme qui subit un désappointement inattendu, et prit congé de la belle veuve, en disant qu'il allait annoncer cette fâcheuse nouvelle à Lecerf.

Célestine, après le départ de Benoît, songea sérieusement à quitter sa petite maison de Saint-Mandé; elle vint se fixer au centre de Paris, dans un quartier où une femme isolée ne redoute rien de l'audace des hommes. Propriétaire d'une maison près du Palais-Royal, elle s'installa chez elle, et reprit tout de suite sa sérénité habituelle, en écoutant nuit et jour le fracas rassurant des voitures éternelles qui ébranlent ce quartier.

Cependant, que devenait Rousselin, prisonnier des ténèbres de la mort?

Rousselin n'avait pas un de ces caractères qui se laissent abattre, même quand le dernier rayon de l'espoir s'est éteint. Au milieu des ombres opaques qui couvraient ses yeux, il garda sa pensée limpide et sa réflexion claire, et même avant de savoir par quel miracle d'imagination il sortirait de cet enfer, il était si confiant en son génie, qu'il donna un sourire de pitié aux deux jeunes gens étourdis qui, pouvant le tuer, s'étaient contentés de l'ensevelir pour obéir à la loi du talion.

Le terrain sur lequel il avait été abandonné ne gardait aucune empreinte de pas à cause de sa dureté; cette remarque donna une sorte d'effroi à Rousselin, car elle bouleversa la première idée de salut qui lui vint à l'esprit. En effet, il paraissait facile de suivre à tâtons, avec la main, sur un sol gluant come celui des catacombes, des vestiges tout frais, et en se réglant sur la direction des pointes, d'arriver jusqu'au carrefour de ce calcul sur le terrain.

Un second examen, opéré minutieusement à la pointe des doigts, dans toute la largeur de la galerie, acheva de démontrer l'absence des vestiges et la dure solidité du terrain.

Ce moment de juste frayeur étant passé, Rousselin reprit son calme, s'appuya sur un mur invisible, croisa les bras et réfléchit.

Dans un monologue mental assez long, il se prouva que la volonté humaine triomphe de tout, même de l'impossible, et que le génie de l'invention, poussé à bout par la nécessité, trouve toujours une issue dans les cas les plus désespérés.

Cette théorie admise, Rousselin attendit l'inspiration.

Un silence profond régnait dans le souterrain, ce qui permit au prisonnier d'entendre tomber sourdement et rouler sous les galeries cinq coups d'horloge, comme s'ils eussent été tamisés par une voûte poreuse de cent pieds d'élévation.

— Cinq heures sonnent, se dit-il, et c'est à l'horloge du Val-de-Grâce. La direction des sons me prouve que j'ai dépassé de beaucoup ce monument, et qu'en marchant avec prudence, vers ma gauche, je me rapproche de la rue d'Enfer et de ma maison. Attendons le coup de cinq heures et demie pour mieux vérifier la justesse de mon calcul, ou pour le corriger.

Une demi-heure a des proportions séculaires en pareille circonstance; Rousselin attendit pourtant avec une patience stoïque ce nouveau signal tombé du clocher du Val-de-Grâce, comme une voix de salut.

Enfin, cette voix de bronze tomba et creusa la terre : l'oreille féline de Rousselin la recueillit et n'en égara pas une note. Les échos de l'horloge roulaient effectivement à gauche et pouvaient servir, pendant quelques instants, de fil conducteur. Rousselin hasarda une reconnaissance à l'aveugle vers ces murmures souterrains, avec la certitude de se rapprocher des carrefours de l'escalier.

D'autres bruits sourds et confus ne tardèrent pas de se faire entendre ; c'était le mouvement de Paris aux heures matinales ; les voitures commençaient leur fracas ; mais il était impossible de tirer la moindre conjecture de tous les murmures vagues et lointains qui éclataient sur tant de points à la fois.

Un bruit tout nouveau, et qui se détachait complétement des autres, fut pour Rousselin une révélation plus consolante; ce bruit prolongé, à sa gauche, sur une même ligne, s'éteignant par gradations lointaines, et se renouvelant, après cinq minutes, dans la même puissance, annonçait, sans aucun doute, le passage de l'omnibus de la rue d'Enfer. Cette conjecture devint incontestable, lorsque Rousselin entendit, par intervalles, les interruptions brusques et les reprises de ce bruit.

— Oui, se dit-il, c'est bien mon omnibus; il s'arrête pour ramasser des piétons, et puis il continue sa route : je reconnais même la voix de ses roues.

Toujours cheminant à tâtons vers la zône foulée par l'omnibus reconnu, et ne craignant plus de s'égarer, l'oreille tendue vers cette étoile polaire invisible, il arriva au point précis du souterrain, qui est, pour ainsi dire, l'antipode de la ligne routière de la rue d'Enfer. Dans cette partie des carrefours, le sol, plus rapproché des infiltrations de la terre, est argileux, gluant, humide, comme un sillon de jardin après la pluie. Rousselin alors recommença, mais avec un plein succès, sa première expérience : il distingua très-bien, sous la pointe de ses doigts, des empreintes toutes récentes de pieds humains, et en les mesurant avec le compas de ses mains, il découvrit même une différence notable dans les longueurs de ces vestiges, ce qui prouvait qu'ils appartenaient à deux pieds différents ; avec un pareil indice, et en se réglant sur la direction des pointes, Rousselin arriva, en rampant, à la chapelle du 2 septembre, et poussa un cri de joie en touchant l'eau du bassin.

En cet endroit, Rousselin y voyait clair dans les ténèbres, comme en plein soleil ; il ouvrit l'armoire secrète, prit ses habits de quarante-cinq ans, pour s'en revêtir à la sortie, et se dirigea vers l'escalier.

Les joies éprouvées sur la terre ne sont rien auprès de celles qui agitaient toutes les fibres de Rousselin : il s'échappait d'une tombe, il allait revoir la lumière du jour, et se venger de deux ennemis par quelque châtiment inconnu encore, mais plus facile à trouver que le chemin de l'escalier des Catacombes. Délices de la haine, de l'amour, de la vengeance, il allait tout retrouver avec les rayons du soleil.

Plein de ces idées, cet homme étrange montait lestement les marches de l'escalier, mais, arrivé à la dernière, un frisson glacial courut sur son épiderme, lorsqu'il sentit une résistance invincible du côté de la trappe, et qu'il comprit tout-à-coup que Benoît et Lecerf avaient scellé le tombeau par luxe de précaution.

Rousselin grinça des dents comme le damné novice qui n'est pas encore arrivé à la résignation, et posant ses épaules comme un levier sous le bois de la trappe, il recueillit toutes ses forces et sentit tout le poids d'une montagne peser sur lui : cet effort suprême ne dérangea pas un grain de poussière, et fit ruisseler sur son front une sueur de sang.

— Et c'est moi, moi! s'écria-t-il, qui me suis emprisonné ainsi par leurs mains! Voilà le fruit des leçons données à mes élèves. Elles retombent sur le maître! et de quel poids!

Le désespoir avait triplé les forces de Rousselin, qui s'acharnait toujours à lutter contre le bois de sa prison. Le terrain supérieur ne répondait que par une inflexibilité d'airain. C'était le globe à soulever.

En ce moment, une brume épaisse tomba dans le cerveau du prisonnier, et il prit son front à deux mains comme pour en extraire une idée en le secouant.

Et rongeant ses poings, il s'écriait d'une voix lamentable :

— Oh! mourir ici comme une imbécile bête fauve tombée dans la fosse du chasseur! Mourir jeune et fort! Mourir avec mon intelligence et mon génie, sans avoir joui de mes passions! Mourir écrasé par un grain de sable, moi, à qui la terre appartenait! C'est impossible! je vivrai! les hommes de ma trempe ne sont pas nés pour mourir de cette mort stupide. L'aigle ne meurt pas dans un trou de chauve-souris.

Il s'excitait ainsi, comme pour s'encourager, en entendant sa voix retentir au milieu d'un silence de tombe; et se redressant avec fierté sur la spirale poudreuse, il s'écriait comme Ajax : *J'en échapperai malgré les dieux!*

L'idée secourable était venue. L'escalier avait deux issues : celle que Rousselin avait creusée lui-même et qui aboutissait, vers le milieu, aux anciennes marches des Catacombes, et celle qui avait été depuis longtemps abandonnée, et qui était autrefois l'entrée ordinaire des curieux et des ouvriers. Il était facile à Rousselin de trouver le point où l'escalier se bifurque ; et comme ceux qui ont fermé l'ancienne issue n'avaient aucun intérêt à la rendre impraticable, il était facile encore de remonter vers la première ouverture, en s'aidant de tous les accidents de terrain qui pouvaient tenir lieu des échelons éboulés.

Le désespoir se cramponne à tout et donne les apparences du possible à l'impossibilité qui sauve. Rousselin chercha le point d'intersection des deux issues, et le trouva avec d'autant plus de facilité qu'il l'avait marqué lui-même par une pierre de soutènement. Il fallait donc remonter de l'autre côté de ce V pour atteindre l'ancienne issue libératrice, dont la cloison frêle devait céder à la plus légère pression des épaules ou des bras.

Aux premières tentatives faites de ce côté, Rousselin comprit que l'ancien escalier ne pouvait redevenir praticable qu'à l'aide d'un travail de plusieurs jours et de plusieurs hommes. Non-seulement la spirale des marches, qui n'était plus entretenue par un gardien, avait été détruite par l'infiltration des eaux, mais les pierres et les racines des arbustes formaient une association inextricable que des mineurs seuls pouvaient forcer.

Dans l'activité fiévreuse de sa pensée, Rousselin chercha longtemps en vain, à travers les ténèbres d'un rêve étouffant, un nouvel expédient de salut. Après quelques heures passées dans cette revue de l'impossible, il crut distinguer une nouvelle lueur d'espoir ; mais il frémit d'épouvante en songeant que celle-là était la dernière, et que si elle venait encore à s'évanouir, il ne lui restait plus que la plus horrible des morts.

— Serait-il possible, se disait-il, que mes deux élèves aient songé à tout, aient tout prévu ? A leur premier coup seraient-ils passés maîtres ?... Voyons.

Il remonta son escalier jusqu'à la trappe, et enfonçant sa main dans la cavité, où plusieurs lampes étaient toujours en réserve, il en retira une. Cette trouvaille n'amenait avec elle que la moitié d'un espoir. La main qui fouillait toujours dans le même reliquaire se crispa de joie en touchant quelques allumettes phosphoriques éparses sur un terrain argileux d'une humidité peu rassurante. Le premier essai ne fut pas heureux; la lueur pâle s'éteignit subitement sur la mèche de la lampe, et ne l'alluma pas. C'était d'un triste augure, car il fallait présumer que ce procédé chimique avait laissé sa vertu dans l'humidité du souterrain.

A chaque nouvelle expérience faite avec un soin religieux, et avortant comme la première, Rousselin sentait au cœur une pointe aiguë et glacée comme celle d'un poignard. Le trésor s'épuisait, et la lampe ne brillait pas. Rousselin tenait dans ses doigts la dernière étincelle de phosphore, comme le pilote tient la dernière ancre, laquelle brisée, il n'y a plus d'espoir ni de salut.

IV.

LE MOT APRÈS L'ÉNIGME.

Le hasard trahit quelquefois les honnêtes gens et vient en aide aux autres ; respectons les bizarreries du hasard. La Fontaine a écrit ces vers philosophiques :

> Un honnête homme, en pareil cas,
> Aurait fait un saut de vingt brasses.

Ce qui signifie aussi, qu'à la place de Rousselin, un autre prisonnier aurait vu sa dernière allumette s'évanouir en fumée, malheur qui n'arriva pas à Rousselin. Le phosphore resplendit sur la mèche de la lampe, et Rousselin retint violemment son souffle dans sa poitrine, de peur d'éteindre ce qu'il venait de rallumer avec tant de bonheur.

La lampe fut déposée avec un soin minutieux dans son réliquaire, où sa clarté paraissait encore plus vive qu'au sommet de l'escalier.

Pour mettre à exécution le nouveau projet de délivrance, il fallait, de toute nécessité, attendre la nuit. On saura bientôt pourquoi.

Rousselin, habile dans l'art de deviner, avait raisonné ainsi. Benoît et Lecerf ont entassé, dans la cour secrète de mon jardin, sur la planche de la trappe, tout ce qu'ils ont trouvé sous leurs mains, pierres, bois et décombres. Je leur prouverai qu'ils ne sont encore que des enfants.

Le travail qu'il entreprit alors était fort dur, mais adouci par l'espoir de liberté qui se trouvait au bout.

Il arracha toutes les boiseries vermoulues, même celles de l'armoire secrète de la chapelle souterraine, et les entassa, comme des pièces de bûches, sous le bois de la trappe ; tous les accessoires de l'imprimerie clandestine, avec des amas de papiers de toutes sortes, furent sacrifiés aussi dans ces préparatifs d'incendie libérateur. Puis, lorsque l'heure fut jugée convenable, le prisonnier mit le feu au bûcher et redescendit avec la lampe pour attendre au fond des galeries, loin de la fumée du feu et des éboulements, le succès de son entreprise.

Les choses bien combinées réussissent toujours; ce précepte de Rousselin ne se trouva pas en défaut en cette occasion : de légers sillons de fumée qui suivaient le prisonnier firent un mouvent rétrograde et annoncèrent qu'une issue venait d'être ouverte vers les régions du jour. En même temps, un roulement de cataracte de pierres se fit entendre et annonça d'une façon plus décisive l'ouverture de la brèche supérieure. Rousselin ne put modérer son impatience, il marcha vers l'escalier, mais il y rencontra encore bien des obstacles à vaincre avant d'arriver au dernier échelon.

Minuit sonnait à l'horloge voisine, quand

Rousselin, épuisé de faim, de soif et de lassitude, vit briller les étoiles dans la cour secrète de son jardin.

Voilant la clarté de sa lampe, par mesure extrême de précaution, dans ce quartier désert, il traversa son jardin, et pénétra dans sa maison, en forçant une fenêtre basse. Avant tout, il songea à réparer ses forces par le plus frugal et le plus précipité des repas ; ensuite il rajusta sa toilette dévastée, et s'emparant de toute sa petite richesse, en or et en portefeuille, dont le reliquaire était connu de lui seul, il se disposait à sortir, lorsqu'il s'aperçut que la grande porte était fermée extérieurement. Il monta aux chambres de ses domestiques, et les trouva désertes ; mais ce qui mit le comble à son effroi, ce fut la découverte des scellés judiciaires appossés sur la porte de sa chambre et de son cabinet. La justice avait donc passé par là le jour précédent ! Rousselin n'avait plus qu'un parti à prendre, il le prit sans balancer.

Il traversa le jardin et la petite cour et gagna les rues voisines. Dès ce moment, il comprit toute l'horreur de sa position, dans une ville où l'œil de la police n'est fermé que la nuit, et comme il n'était jamais embarrassé pour faire un plan, et que ses anciens goûts le ramenaient toujours vers les souterrains, il mit à profit les études qu'il avait faites sur le Paris inconnu, et se dirigea vers la barrière des Martyrs, avec son nouveau plan d'homme de ténèbres qu'il était.

Rousselin, que nous n'avons pas nommé, nous réservant de dire le mot après l'énigme, est cet inconnu que nous avons suivi, dans le voyage souterrain, en canal. Ce domicile ne se trouva momentanément point de son goût, quoiqu'il se réservât d'en faire usage plus tard; il fallut donc chercher ailleurs et trouver quelque repaire protecteur plus habitable, et surtout plus conforme aux projets de sa vengeance et de sa passion. Cette nouvelle tentative nécessite de notre part une description nouvelle, et un autre tableau du Paris inconnu.

Quand on parcourt Paris, non pas comme le nouveau venu, étranger ou provincial, qui recherche avant tout les lieux où se porte la foule, théâtres, jardins publics, fêtes, bals, promenades, boulevards, tout ce qui constitue le Paris vivant et féerique de notre siècle, la capitale du monde, mais comme un amateur aussi curieux des choses du passé que des choses du présent, il serait difficile de rencontrer des quartiers plus attrayants que ceux qui s'étendent depuis l'Hôtel-de-Ville jusqu'à la place où s'élevait jadis la formidable prison d'État des siècles précédents. La rue Saint-Antoine, ainsi que les petites rues qui viennent de droite et de gauche se rattacher à cette grande artère, est toute peuplée de maisons qu'à bon droit nous pouvons dire historiques, car elles portent les plus illustres noms de notre histoire. Sous ces lambris, occupés aujourd'hui pour la plupart par la bourgeoisie marchande et les innombrables maisons d'éducation du Marais, ont vécu tout ce qui fut beau, grand, noble et riche, avant la grande tourmente de 1789, depuis madame de Sévigné, dont l'hôtel de Carnavalet, à l'angle de la rue Culture-Sainte-Catherine, est habité par des écoliers, jusqu'au riche Lambert, qui bâtit à l'extrémité de l'île Saint-Louis la magnifique maison qui abrite l'exil du dernier prince polonais. Sous Louis XIII, la place Royale était le plus brillant quartier de Paris; et si ce prince affectionnait de résider au Louvre, ses prédécesseurs, avant François Ier, avaient longtemps préféré leur hôtel de Saint-Paul, même à leur palais de la Cité et à leur hôtel des Tournelles. Cette maison royale de Saint-Paul était immense. Elle s'étendait d'une part jusqu'à la rivière, de l'autre depuis l'église à laquelle elle empruntait son nom et qui est aujourd'hui détruite, jusqu'à la Bastille qui gardait la Porte-Saint-Antoine, et avait été construite par le prévôt des marchands Étienne Marcel.

Plusieurs hôtels, plusieurs jardins avaient été enserrés dans sa vaste enceinte. Originairement, elle ne se composait que d'une maison assez modeste, servant de pied-à-terre aux archevêques de Sens, métropolitains de Paris. Les premiers Valois firent l'acquisition de cette maison. Le dauphin Charles, régent du royaume pendant la captivité de son père, le roi Jean, chez les Anglais, après leur funeste victoire de Poitiers, agrandit considérablement ce domaine, notamment en achetant l'hôtel de Puteymuse, dont le nom se retrouve aujourd'hui corrompu et dégradé dans celui de la rue du Petit-Musc. Bien que, pour indemniser les propriétaires, les agens du fisc royal eussent par deux fois levé une taxe extraordinaire sur la ville de Paris, les vendeurs ne touchèrent jamais leur argent, et le dauphin, devenu roi sous le nom de Charles V, auquel les historiens ont ajouté l'épithète de *Sage*, rendit un édit, en 1364, par lequel il déclarait l'ensemble des propriétés qui composaient l'hôtel Saint-Paul uni au domaine de la couronne.

Aux termes mêmes de cet édit, cette résidence devint l'*hostel solemnel des grands esbatements* de la royauté. Des fêtes splendides, des magnificences inouïes y signalèrent le séjour de Charles V. Quand, en 1373, le successeur des Césars, le puissant empereur d'Allemagne vint visiter le roi de France dans sa capitale, Charles V le reçut successivement dans son Louvre, alors plutôt forteresse et prison que résidence royale, et dans son palais de la Cité ; mais ce ne fut qu'à Saint-Paul que l'héritier de Charlemagne fut, solennellement présenté à la reine et admis à sa table splendide.

Au regne suivant, cette maison, ainsi que sa voisine la maison des Tournelles, devint le principal théâtre des drames divers que nous raconte l'histoire sur la reine Ysabel de Bavière. Armagnacs, Bourguignons, Anglais, tous les tyrans de la France, à cette époque néfaste, y passent tour-à-tour. C'est en se rendant à cet hôtel de Saint-Paul, par la vieille rue du Temple, que, dans la nuit du 22 au 23 novembre 1407, le duc d'Orléans est assassiné au sortir de l'hôtel Barbette, où il venait de souper et de passer une partie de la nuit avec la reine. C'est là encore que les bouchers et les écorcheurs de bêtes, sous les ordres de l'un d'eux, Simon Caboche, et ameutés par le duc de Bourgogne, se livrèrent à toutes sortes d'excès. Plus tard, Louis XII abandonne Saint-Paul pour les Tournelles. Son successeur va plus loin. François Ier n'aimait que médiocrement ces amas informes de constructions, ces ménageries, ces treilles, ces jardins plantés de cerisiers dont les souvenirs nous ont été conservés dans les noms des rues des Lions, de la Cerisaie, de Beautreillis. Ce prince avait puisé, dans ses campagnes d'Italie, l'amour des arts et le goût de la renaissance. Il vend, sans scrupule, des portions de ce domaine immense, en 1516, à Jacques de Genouillac, grand-maître de l'artillerie qui, sur l'emplacement, jette les premiers fondements de l'arsenal. Avec les deniers de ses ventes, François Ier appelle à lui le Primatrice et Léonard de Vinci, et fait bâtir Chambord, Fontainebleau et le féerique château d'Anet. Ses successeurs suivent ce noble exemple artistique. Jean Goujon fait un nouveau Louvre : mais Henri III lui préfère le quartier Saint-Paul.

Ce prince, à la fois dissolu et dévot, aimait avoir sous la main et ses mignons et les religieux aux processions desquels il se mêlait, roulant entre ses doigts les grains d'un chapelet énorme. Il affectionnait surtout les Antonins qui occupaient, non loin de Saint-Paul, un bâtiment à travers lequel, depuis leur suppression (1790), on a construit un passage qui mène de la rue Saint-Antoine à la rue du Roi-de-Sicile.

Trois mignons du prince avaient leur sépulture dans l'église de Saint-Paul, Quélus et Maugrion, tués en duel le 27 avril 1578, et Saint-Mégrin, qui fut assassiné le 21 juillet de la même année. S'il faut en croire la chronique, ce dernier, non content d'être le mignon du roi, était aussi celui de la duchesse de Guise. Le duc de Mayenne, jaloux, le fit frapper d'un coup de poignard dans la rue Saint-Honoré, à onze heures du soir. La Ligue ne respecta pas ces tombes. Le 2 janvier 1589, les ossements des favoris d'un roi odieux furent extraits de leurs bières et traînés au charnier de Montfaucon. Mais à côté d'eux, les ligueurs laissèrent dormir en paix les derniers restes de l'auteur de *Pantagruel* et de *Gargantua*, qui reposaient dans la même enceinte.

A côté de ces tombes, plaçons-en vite une autre qui, nous faisant franchir deux siècles, nous ramènera aux limites de cette histoire.

Quand le peuple de 1789 prit la Bastille de la porte Saint-Antoine, et ordonna la démolition de cette infâme prison, on trouva sous le sol des cachots ténébreux, des *in-pace*, où mourait lentement consumé par le désespoir et la faim le malheureux qu'on y avait descendu. Les démolisseurs pénétrèrent jusque-là et trouvèrent quatre squelettes humains enchaînés encore à des fers scellés dans l'épaisseur des murailles. Ces ossements furent pieusement recueillis et confiés à la terre du charnier de Saint-Paul. On prit quelques pierres de la forteresse, et l'on construisit un modeste monument sur lequel fut gravée l'inscription suivante dont nous retrouvons le texte dans Dulaure :

« Sous les pierres mêmes des cachots
» où elles gémissaient vivantes, reposent
» en paix quatre victimes du despostisme.
» Leurs os, découverts et recueillis par leurs
» frères libres, ne se lèveront plus qu'au
» jour des justices pour confondre leurs
» tyrans. »

Juin 1790.

La Bastille démolie découvrit un immense terrain qui est la place à laquelle est resté le nom de la fortéresse. Pour peupler ce grand vide, Napoléon imagina d'y poser une fontaine colossale. On construisit à grands frais un gigantesque éléphant, heureusement détruit à cette heure. Il devait être un jour ou en pierre, ou en bronze, mais Paris n'en vit jamais que le spécimen de bois.

Après la révolution de 1830, quand on résolut d'ensevelir les morts de la glorieuse bataille sous les terrains mêmes où jadis s'élevait la prison symbole du despotisme royal, les caveaux funéraires ne présentèrent guère de difficultés aux ouvriers chargés de les creuser. Comme partout où ont passé rois et seigneurs féodaux, les édifices qui s'élèvent sur le sol sont toujours complétés par des constructions souterraines dont les destinations varient suivant les localités, les personnages, les édifices. Les souterrains de l'hôtel Saint-Paul ont, depuis deux siècles, fourni des caves à toutes les maisons bâties sur son emplacement. Ils aboutissaient d'une part aux égouts du côté de la rivière, et ce fut même, au dire de Dulaure, la principale des causes pour lesquelles les rois de France abandonnèrent Saint-Paul pour les Tournelles ; de l'autre, aux fossés de la ville et à la Bastille d'Étienne Marcel.

Quiconque veut connaître ce côté du Paris souterrain, ne doit pas descendre dans les caves de la rue Saint-Antoine : à chaque pas il serait arrêté par des murailles de constructions plus modernes, par des voûtes qu'il faurait percer, par des portes qu'il faudrait ouvrir ou forcer ; mais dans les rues de la Cerisaie et des Lions, à certaines maisons sont encore attenant des lambeaux considérables des anciens jardins de l'hôtel, avec leurs plantations dans le style et le goût du temps.

Si l'on descend dans les caves de ces maisons, on les voit se prolonger à l'infini, et il n'est pas rare dans ces prolongements d'en rencontrer d'autres qui viennent s'entrecroiser, s'enchevêtrer aux premiers, de telle sorte qu'on a bientôt besoin d'un fil d'Ariadne pour se reconnaître dans ces labyrinthes construits par les Dédales du moyen-âge. On arrive ainsi jusque sous les boulevards où se trouvaient jadis les fossés de la ville au temps d'Étiene Marcel. Là, une foule de petites poternes, qui autrefois s'ouvraient dans la campagne et qui maintenant donnent issue dans les caves des maisons, construites sur l'ancien rebord des fortifications, indiquent un des usages principaux auxquels on réservait ces routes souterraines. Aux heures de crise, c'était souvent par là qu'échappaient aux vengeances quelques célèbres traitants, quelques usuriers du peuple, quelques disgraciés des cours.

Rousselin loua, dans la rue de la Cerisaie, un petit entresol, contigu à un jardin, et dont les caves noires, humides, lézardées, semblaient recéler partout des issues et voiler des excavations profondes, et des escaliers gluants, mystérieux conducteurs des immenses souterrains dont nous venons de parler. L'homme de ténèbres donna un sourire satisfait à sa propriété nouvelle, et se promit bien de visiter ses appartenances et attenances, comme on dit en style de Palais.

V.

LE CRIME AU TRIBUNAL.

Le journal, nouveau pain quotidien de la pensée, révèle souvent d'étranges choses à notre réveil. Un matin, la jeune et belle veuve Célestine qui, depuis quelques jours, trouvait le repos au centre du Paris agité, lut, dans son journal, ce *fait Paris :*

« Un crime, encore voilé d'un horrible
» mystère, a été commis, la semaine pas-
» sée, dans une petite maison de plaisance
» de la commune de Saint-Mandé. Nous
» nous garderons bien d'entraver l'action
» de la justice, en rapportant ici tous les
» bruits vrais ou vraisemblables qui se rat-
» tachent à cette affaire ; mais nous pou-
» vons annoncer déjà que la justice in-
» forme, et que les débats donneront un
» étrange chapitre de plus à l'histoire des
» Causes célèbres. Nous avons pris nos me-
» sures pour devancer de vingt-quatre
» heures les autres journaux dans notre
» compte-rendu de l'affaire dite de Saint-
» Mandé. Chaque numéro sera tiré à part,

» et vendu au prix de dix centimes. On
» souscrit à notre bureau. »

Célestine laissa tomber le journal, en éprouvant une crise nerveuse qui lui ôta, pendant quelques minutes, l'usage de ses sens. Quand elle revint à elle, sa position lui parut intolérable; elle vit le tribunal, les juges, le public, les curieux, comme si la baguette d'un magicien eût transporté devant ses yeux toute la pompe effrayante de la justice humaine; elle entendit le réquisitoire et les plaidoyers; elle lut les journaux qui racontaient le lendemain, cette impudique affaire comme un roman de curiosité; elle se vit elle-même, debout et tremblante, devant la barre, couverte par tous les yeux, effleurée par tous les souffles, forcée de quitter les voiles de la pudeur, pour éclairer la justice dans les plus scandaleux détails... Oh! s'écria-t-elle, l'impunité! l'impunité! Que m'importe un châtiment qui me punit, moi, innocente, bien plus que le coupable! je ne subirai pas cette honte! je la fuirai.

Lorsqu'elle eut arrêté cette détermination, et que le calme fut revenu, elle réunit tous les calculs de sa sagacité, pour deviner par quels moyens le ministère public était informé du crime, puisqu'elle avait recommandé le plus grand secret sur les horreurs de cette nuit. Ne rencontrant aucune conjecture raisonnable, elle cessa d'approfondir le mystère, et songea au plus urgent.

Une jeune et jolie femme est mieux obéie et plus promptement servie qu'une reine vieille et laide; Célestine avait suprimé en quelques heures, tous les obstacles qui, dans un pays libre, s'opposent à un départ précipité, à un voyage subit en terre étrangère. Le chemin de fer du Nord vint en aide à la jeune femme; elle était sur la route de Bruxelles, le soir même de ce jour.

Rousselin était tranquillement installé dans son entresol de la rue Cerisaie, et à l'abri de toute crainte. Un de ces hasards qu'on cherche lui avait fait rencontrer entre la rue Contrescarpe un voyageur piéton, à peu près de son âge, de sa taille, de sa tournure, qui lui avait vendu son passeport dix louis. Cet homme simple et spéculateur se nommait Claude Signoret. Au moyen d'une légère altération familière à la plume de Rousselin, l'S de ce nom s'était changée en V, et Rousselin se nommait désormais Vignoret, et avait pris naissance à Lyon. Ensuite, par une de ces profondes observations que Rousselin faisait continuellement sur la singulière harmonie qui existe ou pourrait exister entre un nom et celui qui le porte, Rousselin se composa un air de tête, une tournure, un maintien, un accent, très-bien assortis avec le nom de Vignoret ; à tel point, qu'à ses yeux même, devant un miroir, il oubliait son nom de Rousselin.

Survint pourtant une circonstance fâcheuse qui lui remit en mémoire son ancien nom. Un matin, Rousselin, vêtu en rentier qui jouit d'une rente de 1,500 fr., jouissance modeste, entrait selon son usage au café de la rue Boucherat pour lire un journal et avaler une goutte de cognac parisien à chaque alinéa, pour se donner les airs d'un rentier épicurien, mais économe, ce qui lui conciliait l'estime des habitués. Ces deux mots *Cour d'asssises*, imprimés en vedette à la troisième page du journal, attirèrent son attention, et il eut besoin de tout son stoïcisme habituel, en lisant au-dessous, en second titre : *Affaire de Saint-Mandé.*

Un brouillard passa devant ses yeux et la goutte de liqueur tomba de ses lèvres et s'arrondit toute jaune sur le journal.

Rousselin lança un regard circulaire dans le café, et ne vit que des lecteurs immobiles, ou des consommateurs voraces qui se débattaient avec des tasses souillées de beurre liquide et de miettes onctueuses de pain.

Alors il lut avec une attention fiévreuse et voilée de nonchalance le curieux compte-

rendu suivant, en omettant toutefois les détails inutiles : . . . .
. . . .
. . . .
. . . .

— Le président au témoin : — Votre profession ?

R. Domestique.

D. Connaissez-vous l'accusé ?

R. Oui, monsieur le président.

D. Dites ce que vous savez ?

Le témoin : — Le 5 juillet dernier, je dormais, à 11 heures du soir, dans la petite cour de la maison de madame Célestine Desglajeux, lorsqu'un bruit me réveilla en sursaut, et à travers la fente d'une porte, je vis l'accusé, qui se tenait debout, sur le seuil de la maison, dans une attitude très-suspecte. Je fis, sur la pointe des pieds, un long détour pour aller chercher le jardinier Vincent Cornilhon, et pendant que nous étions lui et moi fort éloignés, nous entendîmes des cris terribles dans la maison ; malheureusement, Vincent et moi nous ne sommes plus jeunes ; nous arrivâmes trop tard, mais nous vîmes encore l'accusé Benoît et un autre que nous n'avons pas reconnu, qui poussaient avec brutalité ce pauvre M. Rousselin dans un fiacre. Nous hâtâmes le pas pour porter secours à ce bon M. Rousselin, de qui je n'avais reçu que des politesses (le témoin verse quelques larmes), mais le fiacre partit comme si le diable l'eût emporté !...

— Le président au témoin : — Reposez-vous un instant.

— Le témoin ému : — Excusez-moi !.. C'est que ce pauvre M. Rousselin était la bonté même, et très-entendu en jardinage et en magnagnerie...

(L'accusé sourit d'un air ironique.)

— Nous montâmes alors, Vincent Cornilhon et moi, à l'appartement de notre maîtresse, mais elle ne voulut pas ouvrir sa porte, et nous dit qu'elle veillerait toute la nuit. Le lendemain, Vincent Cornilhon conta toute cette histoire aux gens du voisinage, cela fit grand bruit; madame Desglajeux quitta la maison sans dire où elle allait, et les gens de justice vinrent faire une descente, et nous leur racontâmes tout ce que nous avions vu, et ce que nous savions.

Le président : — quel âge paraissait avoir Rousselin ?

R. Quarante-cinq à quarante-six ans (l'accusé fait un nouveau sourire.)

Le président : — Quelles étaient ses relations avec Célestine Desglajeux ?

R. Oh ! monsieur le président, il n'y avait rien à dire là-dessus ! Un homme de quarante-six ans, et qui ne s'occupait que d'agriculture chez nous.

Le président : — Avez-vous remarqué dans les assiduités de Benoît auprès de Célestine Desglajeux quelque chose d'équivoque !

R. Monsieur le président, tout était équivoque chez M. Benoît ; il entrait toujours chez nous comme un furet ou comme quelqu'un qui médite un mauvais coup.

Le témoin Vincent Cornilhon fait une déposition semblable.

Le président : — Accusé, avez-vous

quelques observations à adresser aux témoins?

R. Non, monsieur le président. Je me contente de donner le plus complet démenti à leurs assertions.

Le procureur général : — Accusé, vous devez respecter des témoins qui parle sous la foi du serment. Soyez mieux avisé dorénavant, et n'aggravez pas votre position.

L'accusé s'agite sur son banc.

Troisième témoin : Bernard Voiron, dit *Presse-Pas*, cocher de fiacre. . . .

D. Connaissez-vous l'accusé ?

R. Oui, monsieur le président.

D. Faites votre déposition.

R. Eh bien ! monsieur le juge, je vous dirai que cet homme et un autre qui n'est pas ici m'ont donné cinq francs pour boire en les attendant et que je ne les ai pas bus tout-à-fait, mais il ne s'en manquait guère. J'ai promis de dire toute la vérité.

D. Avez-vous remarqué que Benoît eut employé la violence pour faire entrer Rousselin dans votre fiacre?

R. Je crois bien. L'autre ne voulait pas entrer, et les deux particuliers, qui étaient plus jeunes et plus vigoureux, l'ont mis de force dans le fiacre.

D. Qui vous a donné l'ordre de marcher?

— Celui-là, l'accusé... Je me trompais souvent de chemin, parce que je vous ai dit que j'avais trop bu, et c'était toujours celui-là, cet accusé, qui me remettait dans la bonne route. Moi, que vous dirai-je... je tombai de sommeil. Par bonheur, mes chevaux connaissent Paris, et ils n'ont pas besoin de moi pour gagner la remise.

D. Où vous a-t-on dit de marcher d'abord?

R. Au pont d'Austerlitz. Là je me suis arrêté et je me suis un peu endormi. Qui sait tout ce que j'avais bu!... Après, nous avons traversé le pont; les chevaux ont couru. Je n'avais plus la tête à moi. Je voyais danser toutes les lanternes du gaz. Enfin je me suis trouvé seul avec beaucoup d'argent dans ma bourse, que j'aurais voulu rendre parce qu'il me paraissait mal gagné. Aussi je l'ai donné à un vieux des nôtres, qui est invalide, sans lui dire d'où ça lui venait.

D. Vous ne pouvez donc pas préciser l'endroit où l'accusé a quitté votre fiacre?

R. C'est, je crois, du côté de la barrière

d'Enfer ; mes chevaux sont venus tout seuls ; ils me conduisaient.

D. Accusé, avez-vous quelques observations à faire au témoin ?

R. Aucune, monsieur le président.

D. Vous persistez à nier que vous ayez conduit Rousselin violemment dans un fiacre, au milieu de la nuit du 5 au 6 ?

R. Je persiste.

D. Prenez garde ! toutes les dénégations ne constituent pas un bon système de défense.

R. Je n'ai pas d'autre système à adopter. Je suis innocent.

Le procureur général. — C'est ce qu'il faut prouver.

L'accusé. — Prouvez donc ma culpabilité.

Le procureur général. — C'est ce que nous faisons.

Un juré. — L'accusé reconnaît-il au moins qu'il avait des relations avec Rousselin !

L'accusé. — Si je réponds à une question, je m'oblige à répondre à tout. J'aime mieux me taire sur tous les points, ou bien n'ouvrir la bouche que pour dire : Je suis innocent.

Le procureur général. — La vérité se fera jour, malgré les ténèbres dont votre silence veut l'entourer.

L'accusé hausse les épaules. Murmures dans la salle. Le président fait un signe à l'huissier.

. . . .

Le président. — Vous êtes voisin du domicile de Rousselin !

R. Oui, monsieur le président.

D. Le voyiez-vous souvent ?

R. Tous les jours.

D. Depuis quelle époque avez-vous cessé de le voir ?

R. Depuis le 5 juillet, je ne puis pas me tromper, je n'ai qu'à regarder mon livre de vente.

D. De quelle réputation Rousselin jouissait-il dans le voisinage ?

Le témoin, avec émotion. — De la meilleure réputation, et il la méritait bien, le pauvre homme ! Il faisait du bien à tout le monde et il se refusait tout à lui. Il vivait de rien. J'en sais quelque chose, moi ; j'étais son fournisseur. Il avait bien voulu être le parrain de ma dernière fille, et pour sa fête, le jour de sainte Louise, il lui a donné.....

Le président. — Ces détails sont inutiles à la cause; vous pouvez vous asseoir.

Cinq autres témoins du quartier de l'Observatoire ont tous connu particulièrement Rousselin, et ils s'associent tous pour rendre hommage à ses vertus.

Victorin Fillon, sergent-major dans la douzième légion, connaît dans sa compagnie Rousselin depuis 1835, et il affirme que la légion n'a pas un homme plus dévoué, plus aimé, plus estimé que Rousselin. Pour la première fois, il a manqué à son service le 9 juillet !

Une voix. — Je crois bien !

M. le président. — Huissiers, faites sortir celui qui a dit : *Je crois bien !*

Le valet de jardin et la vieille femme de ménage de Rousselin sont successivement introduits, et leur déposition, entrecoupée de sanglots, est accablante pour l'accusé Benoît. Ces deux fidèles serviteurs reconnaissent, dans l'accusé, l'homme qui est venu le 6 juillet les éloigner de la maison sous un mauvais prétexte, en leur donnant au nom de Rousselin cinq cents francs de gratification.

L'accusé ne paraît pas ému de cette déposition, faite avec un accent de vérité irrécusable.

Le président. — Accusé, vous avez entendu?

R. Oui, monsieur le président.

D. Vous n'avez aucune observation à faire?

R. Aucune.

D. Accusé, où avez-vous passé votre soirée du 5 juillet?

R. Si je faisais la même question à chaque membre de la cour, aucun ne pourrait me répondre. Comment veut-on qu'au bout de plusieurs mois, on se rappelle l'emploi d'une soirée ?

M. le président. — Messieurs les jurés apprécieront ce nouveau refus d'obtempérer aux ordres de la cour.

Le portier de la maison habitée par Benoît, appelé en vertu du pouvoir discrétionnaire du président, donne sur les habitudes et les mœurs de l'accusé des détails peu favorables. Si j'avais trois locataires comme M. Benoît, dit-il en finissant, je quitterais ma porte, qui est pourtant une des meilleures portes de Paris.

L'avocat nommé d'office pour défendre Benoît s'est acquitté convenablement de ce pénible devoir.

Nous citerons les morceaux les plus

remarquables du discours du procureur général :

« Quel est d'abord l'accusé? a dit ce magistrat ; c'est un homme qui usurpe un titre honorable qui n'est pas le sien ! qui ne lui appartient pas ! Benoît usurpait le titre d'avocat. Benoît n'a aucune profession. Benoît est un de ces jeunes hommes qui arrivent dans les capitales avec une bourse vide, et la remplissent par des professions déshonnêtes, jusqu'à l'heure où le crime couronne le dérèglement.

» Les dépositions des témoins vous ont démontré jusqu'à l'évidence toutes les phases de ce crime. Benoît, et son complice encore inconnu, mais que l'œil de la justice saura découvrir, entrent chez une femme qu'ils croient isolée ; ils entrent avec toute sorte d'intentions criminelles, en hommes de luxure et de vol. Un ami dévoué, le malheureux Rousselin,

Qu'il ne s'attendait guère
A rencontrer dans cette affaire,

comme dit le prince des fabulistes, se trouve dans la maison où le crime va se commettre. Il y a lutte : il y a combat, il y a engagement. L'homme de 46 ans, l'infortuné Rousselin est vaincu par ses deux jeunes adversaires. Mais ce témoin est terrible ! Mais ce témoin parlera ; mais ce témoin sera fatal à Benoît et à son complice. Il faut donc détruire ce témoin, il faut l'anéantir. Le crime appelle le crime; *abyssus abyssum in vocat.* Les mânes du malheureux Rousselin demandent vengeance. Rousselin sera vengé; nous regrettons qu'une susceptibilité pusillanime et malentendue ait éloigné du sol de la France la veuve Desglajeux, mais la justice doit suivre son cours. . . . . . .

Le jury a fait des réponses affirmatives ; mais avec des *circonstances atténuantes*. Benoît est condamné aux travaux forcés à perpétuité. »

Rousselin déposa lentement sur la table le journal où il venait de lire ces débats judiciaires, et donnant quinze centimes au garçon, il lui dit :

Il y a dans la *Gazette* d'aujourd'hui, un procès fort intéressant.

— Oui, monsieur Vignoret, répondit le garçon, je l'ai lu ce matin.

— Il faut avouer, dit Rousselin, qu'il y a des hommes bien...

Ses joues s'enflèrent et ses yeux cherchèrent au plafond une épithète assez expressive pour flétrir ces hommes; mais il laissa croire qu'il ne trouvait pas l'épithète, et saluant la dame du comptoir, il sortit, en ayant l'air de contenir son indignation contre le faux avocat Benoît.

VI.

NOUVELLES DÉCOUVERTES.

Malgré cette révélation inattendue faite par un journal, Rousselin ne crut pas devoir changer ses habitudes de rentier ; il se promena, selon son usage, sur le boulevard Beaumarchais en mettant sur sa figure sa béatitude de l'imbécillité, qui jouit de douze cents francs de rente et ne demande rien de plus aux hommes, à Dieu et au Marais.

Cependant, le souci intérieur brûlait sa poitrine ; mais l'énergie de l'homme empêchait ce souci de remonter au front et de s'y inscrire dans une ride délatrice. Indépendamment du procès de Benoît, Rousselin ne comprenait pas certaines choses qui se rattachaient à l'affaire; il se faisait des questions insolubles : — Pourquoi, se demandait-il, pourquoi Benoît s'est-il enfermé dans ce système de dénégation? Pourquoi n'a-t-il pas confié sa cause à un avocat expert qui aurait pu tirer un si bon parti de l'absence de madame Desglajeux, et de tant d'autres circonstances nées dans les débats ? Pourquoi Benoît s'est-il obstiné à garder le silence sur Lecerf?

Rousselin cherchait la clé de ces mystères, en regardant, d'un œil stupide, les enseignes et les étalages des boutiques du boulevard. Pour le moment, il n'y avait pas encore, comme on dit, *péril en la demeure*; toutes les précautions prises étaient bonnes ou paraissaient telles. En cas imprévu, mais possible, les immenses souterrains, dont les issues s'ouvraient ténébreusement sous le jardin de la maison de la rue de la Cerisaie, étaient un abri sauveur. Il fallait pourtant se mettre en règle plus sévère contre les terribles éventualités de l'avenir et contre ces coups que le hasard intelligent et railleur invente si bien pour déranger les plans les mieux établis.

L'esprit tendu vers ces idées, Rousselin

remarque une petite enseigne très-modeste, fixée sur une vieille porte, et qui paraissait fort peu se soucier d'être lue par les passants. Elle était ainsi conçue : *Dépôt d'antiquités parisiennes extraites des fouilles.* L'enseigne elle-même avait l'air d'une antiquité.

Rousselin sonna et montant l'escalier du premier étage, il relut la même enseigne clouée sur une porte vitrée.

Il entra.

Un parfum de passé s'exhalait de ce magasin étrange ; on aurait cru entrer dans un caveau plein de momies démaillotées, et rendant à l'air tout le camphre qu'elles avaient reçu dans les pharmacies tumulaires de Memphis.

Un homme, vêtu d'une houppelande séculaire comme lui, se promenait entre deux vitrages, en jetant un regard de satisfaction sur ses marchandises inconnues du public. L'arrivée d'un acheteur était un phénomène pour ce marchand ; aussi parut-il étonné comme un bijoutier du Palais-National qui voit sa porte s'ouvrir.

Rousselin examina les objets étalés sous vitres, en prenant des poses d'agatophile, et fit quelques légères emplètes, au grand regret du marchand, qui paraissait désolé de vendre ses denrées comme un père noir du Congo qui vend ses enfants au négrier pour nourir sa famille.

— Monsieur, dit Rousselin, vous avez là un dépôt de richesses précieuses qui me tenteraient bien, si j'étais riche. Où donc avez-vous trouvé tant de curiosités et de *magnificences,* comme nous disons en terme d'agatophiles?

— C'est mon père qui a fait cette collection, répondit le marchand, et il me l'a laissée en héritage.

— Votre père a trouvé tous ces trésors à Paris?

— Oui, monsieur.

— En faisant des fouilles?

— Mon père connaissait mieux que personne le Paris souterrain ; c'est lui qui a découvert les galeries qui s'étendent de la rue de la Cerisaie jusqu'au quai Saint-Paul.

— Ah! fit Rousselin en reculant d'un pas malgré lui.

— Oui, monsieur, ajouta le marchand; c'est comme j'ai l'honneur de vous le dire.

— Il y a donc des galeries qui?...

Rousselin laissa l'interrogation suspendue sur ce *qui*.

— Sans doute, reprit le marchand, et mon père en connaissait bien d'autres... Tenez, voilà un manuscrit qui renferme des notes fort intéressantes sur d'autres souterrains plus inconnus, et que mon père a visités en 1802.

Et le marchand prit sur une table un in-4° manuscrit et relié qu'il montra, en l'ouvrant, à Rousselin.

Rousselin, d'un air nonchalant, tira de sa poche des lunettes dont il n'avait pas besoin, et parcourut le recueil.

— Donnez-vous la peine de vous asseoir, dit le marchand, en désignant un fauteuil boiteux et vermoulu.

— Si vous voulez bien le permettre, dit Rousselin.

Et il s'assit et feuilleta.

D'abord Rousselin lut à la hâte une description assez exacte des Catacombes, ce qui ne lui apprit rien, mais lui donna une idée favorable de la suite ; puis il tomba sur les caveaux immenses aboutissant par deux issues à la rue de la Cerisaie : enfin, il découvrit un chapitre des plus intéressants et qui fit sur lui, homme des ténèbres et de prudence, une impression extraordinaire.

Profitant d'un moment où le marchand regardait le boulevard, il déchira ce chapitre dans un double but ; d'abord, pour le méditer à loisir, et ensuite pour détruire cet indice de refuge et le dérober à tous les regards.

Voici ce curieux chapitre :

. . . .

. . . .

. . . .

« Le vieux Paris disparaît à toute heure sous le marteau des démolisseurs. Nulle ville n'est plus oublieuse de ses souvenirs. Les pierres antiques tombent une à une, et plus tard, quand une curiosité pieuse vient visiter les lieux où vécurent et souffrirent nos pères, elle ne trouve plus que des constructions modernes (1), Hâtons-nous donc, profitons de quelques vestiges qui nous restent encore pour démêler

---

(1) C'est ainsi que récemment (en 1849) nous avons vu jeter par terre la maison d'Abélard, longtemps respectée. Elle était située sur le quai de la rive gauche, presque en face de Notre-Dame. Sur son emplacement s'élève une maison nouvelle.

sous ces couches successives les traces du Paris des anciens jours.

» La rive gauche de la Seine était déjà occupée par une ville célèbre quand la rive droite voyait à peine çà et là quelques maisons se grouper autour des fabriques que peuplaient les quartiers modernes de l'Hôtel-de-Ville. Cette célébrité, la rive gauche la devait surtout à ses écoles. Dès les temps reculés, après que les barbares eurent mis à néant les chaires qui, de Rome, de Constantinople, d'Alexandrie, de Marseille, envoyaient la science à l'univers connu, quand refleurirent les lettres, les écoles de Paris devinrent les plus célèbres du monde. Il a été de mode au XVIIe et même au XVIIIe siècle de se moquer des âges antérieurs, comme si une époque ne frayait pas la route à celle qui lui succède, comme si Molière, Racine, Lafontaine, Voltaire, ne devaient rien à Rabelais et à Ronsard, Locke et Malbranche rien à Abélard et à saint Anselme.

» Parmi ces écoles qui faisaient la gloire de la rive gauche, une des plus illustres fut, sans contredit, celle qu'établit à l'abbaye Saint-Victor Guillaume de Champeaux, au commencement du douzième siècle (vers 1111). De cette école sortit Abélard, qui, devenu professeur à son tour, ne trouvait pas d'enceinte assez vaste pour contenir le nombre de ses auditeurs. Il les conduisit sur la Montagne Sainte-Geneviève, et de la place où devait plus tard être bâti le Panthéon, il jetait sa parole éloquente à ces jeunes têtes, à ces jeunes cœurs qui s'exaltaient jusqu'au martyre dans les querelles platoniciennes des réalistes et des nominaux.

» Depuis Guillaume de Champeaux et Abélard, l'abbaye et les écoles de Saint-Victor, comme les établissements religieux de Paris, ont subi des vicissitudes dans le détail desquelles nous n'entrerons pas. Les chanoines avaient un privilége sur les eaux de la Bièvre, qui plus tard les conduisit, par voie de justice, à creuser des canaux et des aqueducs (1).

» L'abbaye de St-Victor touchait à l'enceinte de Philippe-Auguste. En 1188, avant de partir pour la Croisade, ce prince voulut donner des fortifications à sa bonne ville de Paris. Dans la rue qui porte le

(1) Cet établissement religieux était fort considérable; sur ses terrains, on a construit le moderne et élégant quartier de Saint-Victor, entre l'Entrepôt-des-Vins et le Jardin-des-Plantes.

nom des Fossés-St-Victor, ont voit encore les vieilles murailles. Elles sont en état de parfaite conservation dans plusieurs cours et jardins, et des percements modernes ont permis de mesurer les 12 pieds d'épaisseurs de leur partie inférieure.

» Ici encore nous retrouverons les constructions souterraines qui rendent cette étude de Paris si curieuse et si attrayante.

» L'abbaye avait ses caves, ses issues mystérieuses, ses *in pace* ; nous n'avons pas besoin de le dire, elle n'aurait pas été abbaye célèbre sans cela. Mais voici ce que nous avons trouvé d'extraordinaire: dans une maison attenante à l'ancien enclos du collége Navarre (1) est une cave voûtée et présentant la forme d'une ro-

---

(1) Ce collége est aujourd'hui l'école Polytechnique.

tonde ogivale, si nous pouvons ainsi dire.

» De fluettes colonnes s'élancent du sol pour monter à la voûte : de leurs chapitaux partent des arêtes saillantes qui toutes viennent aboutir à la clé de voûte formée par un pendentif richement travaillé. Les courbes de ces arêtes forment des ogives, et c'est pourquoi nous avons appelé cette cave une rotonde ogivale. La maison est précisément située sur le terrain que les vieilles chroniques assignent à la Porte-Saint-Victor, édifice fortifié dans lequel on ne pénétrait qu'après avoir passé un pont de bois. Reconstruite en 1570, cette porte fut définitivement abattue en 1684. Mais à Paris, on ne détruit que ce qui obstrue le sol. Les constructions souterraines restent après ces démolitions, et servent aux propriétaires postérieurs.

» Des fouilles furent exécutées dans cette cave en 1768. Le sol creusé rendit des fragments d'armures, des glaives, quelques monnaies du temps des chevaliers. C'était peu de chose. Mais plus bas, au pied d'une des colonnes, et presque à ses dernières assises, on trouva une trappe qui fermait l'entrée d'un escalier étroit et tournant. On déblaya les marches, et l'on parvint ainsi jusque dans une salle où l'on trouva des costumes de moines, d'écoliers, de gentilshommes, qui servaient aux déguisements de ceux qui fuyaient par ces issues.

» Ces souterrains aboutissaient à ceux de l'abbaye Saint-Victor. »

. . . .
. . . .
. . . .

» L'abbaye St-Germain-des-Prés ne fut

pas moins célèbre que l'abbaye Saint-Victor dont nous avons parlé. Plus heureuse que celle-ci, Saint-Germain est encore debout. Il est vrai que ses constructions servent ici de prison, là d'habitation particulière (1). L'église seule est debout, et malgré sa dévastation (2), c'est une des plus belles œuvres architecturales de Paris.

» L'origine de cet établissement est fort ancienne. Nous n'en parlerons pas ici, pas plus que des Prés, qui avaient donné leur nom à l'abbaye. Il y a longtemps que tout est dit sur le grand et le petit Pré-aux-Clercs. On connaît moins la position souterraine de cet immense domaine qui fai-

(1) C'est un remarquable édifice en briques d'un rouge vif, numéroté 13, rue de l'Abbaye, en face de la rue Furstemberg. Une partie est occupée par un institut agricole. Notre grand peintre Gigoux y a établi ses ateliers.
(2) Elle a été restaurée récemment.

sait la richesse des moines, soit par la foire qui s'y tint jusque sous Louis XIII, soit par les immunités et priviléges dont ils savaient user et abuser.

» Ces souterrains s'étendaient jusqu'à la rivière et pénétraient même, dit-on, jusque dans l'hôtel de Nesle. C'est pourquoi, quand les eaux de la Seine sont hautes, toutes les caves de ces quartiers sont inondées.

» Aujourd'hui les souterrains sont envahis par des décombres de toutes sortes qui obstruent le passage sans les combler. On y descend par plus d'un endroit, et notamment par la maison n° 13 de la rue de l'Abbaye. Quand le tribunal de 93 tenait ses prisonniers à Saint-Germain-des-Prés, plus d'un qui connaissait ces mystères de l'abbaye parvint à s'évader par ces issues, qui, en général, aboutissent dans les maisons. »

. . . .
. . . .
. . . .

Rousselin avait refermé, avec respect, le précieux in quarto, comme le dévot referme un reliquaire et le replaçant sur la table, il salua le marchand et sortit d'un pas lent et avec un visage tranquille, comme un vertueux patriarche de la rue Charlot

VII.

UNE APPARITION DE NUIT.

Ce jour-là même, Rousselin voulut faire une reconnaissance dans ses nouveaux domaines et les fouiller dans leurs plus intimes sinuosités pour voir s'il pouvait encore y trouver un abri en cas de poursuite.

Après le coup de minuit, il descendit dans les caveaux du jardin avec toutes les provisions nécessaires pour cette promenade souterraine ; de plus il avait inventé un fil conducteur d'un nouveau genre qui manquait à Ariadne et qui promettait même d'être plus sûr que la ligne crayeuse des Catacombes, car on pouvait au besoin le suivre dans la plus profonde obscurité. A vingt pas d'intervalle, il enfonçait un clou au bas du mur gauche, et lui donnait une inclinaison du côté de l'entrée du jardin.

Une cloison fort mince, et qu'il était aisé de reconnaître à une teinte plus récente que celle du reste du caveau, avait été déjà percée par Rousselin, le premier jour de son installation. Cette issue ouverte lui livrait un accès facile dans les profondeurs mystérieuses qu'il voulait connaitre, comme le marin veut étudier, sur la carte, la mer où il va naviguer, pour en connaître les ports et les écueils.

Les premières salles n'offraient rien de remarquable ; par intervalle, il fallait que le marteau démolisseur que Rousselin maniait habilement, comme tout ce qu'il maniait, fît une petite brèche ronde, proportionnée au corps de l'assiégeant. A mesure qu'une pente insensible, mais que sa longueur rendait considérable, faisait descendre, à son insu, Rousselin très-profondément dans le sol, les caveaux et les galeries revêtaient une physionomie nouvelle. Çà et là, des arceaux bien construits, des clés de voûtes puissantes, des arêtes de pilastres fortement accusées, des assises saillantes d'un granit de fer, attestaient qu'un architecte hardi avait passé par là, en apportant une pensée, un secret, un mystère que les murs ont gardés.

Lorsqu'on passe à Florence, devant le palais Riccardi, via Larga, et qu'on examine cette architecture de diamant, ces larges pierres frustes, ces reliefs de bronze, cette façade percée de fenêtres hautes et de meurtrières, comme une citadelle, on devine que le palais Riccardi, et d'autres de même construction, ont été bâtis selon les exigences d'une époque féconde en troubles, et que chaque citoyen riche de ce temps voulait avoir sa forteresse dans la cité. Ainsi, les cavités profondes que Paris recèle sous son épiderme annoncent toujours une phase d'histoire où la sécurité, pour certaines familles, n'existait qu'à cent pieds sous la surface du sol; Par exemple, les troubles religieux ont fait creuser plus de souterrains qu'ils n'ont fait bâtir de maisons (1).

En avançant avec lenteur et en furetant avec soin, non pas avec des pensées d'archéologue, mais avec des idées criminel-

---

(1) En 1826, les Tuileries furent un jour mises en grand émoi : On vint dire au roi Charles X qu'on entendait un grand bruit du côté des caves ; qu'on distinguait parfaitement des coups de pioche et que sans doute, c'était une conspiration qui menaçait le château. — Aussitôt on s'empresse, on descend dans les caves, on perce le mur du côté où venait le bruit, et on se trouve dans un long souterrain qui conduisait à la rue du Roule, près de l'hôtel Coligny. — Là, on trouva un marchand de vins occupé à réparer sa cave. C'était le bruit qu'on avait entendu. On acheta le silence de cet homme et l'on coupa ce souterrain par plusieurs murs, en ayant soin d'embarrasser de décombres les intervalles.

les de proscrit, Rousselin découvrit un caveau qui paraissait avoir été habité, comme une vaste salle d'auberge servant de caravansérail. On y voyait même des traces d'un feu de cuisine, dans une large excavation. Une porte basse, étroite, murée hermétiquement avec des briques, conduisait par un escalier à la maison supérieure. Rousselin fit de vaines conjectures pour deviner approximativement l'endroit de Paris où il était, et la portion de rue correspondant à ce caveau. Ce lieu garda son mystère, et comme la lampe du visiteur cotoyait un mur fait de pierres énormes, cette inscription se fit lire en grêles majuscules : *Launoy, octobre* 1572. Rousselin, qui était toujours en fonds d'érudition historique, tira de cette date une conjecture vraisemblable, en supposant qu'elle avait été écrite sur ce mur par un huguenot, deux mois environ après la Saint-Barthélemy ; il sonda ensuite, en frappant avec son marteau, l'épaisseur de la porte murée, mais elle ne rendit aucun son qui indiquât la possibilité d'un percement immédiat : celui qui avait fait murer cette porte avait sans doute aussi amoncelé dans l'escalier d'autres obstacles, pour se défendre contre des ennemis souterrains, car les précautions, selon le moment, changeaient de nature : après avoir creusé des caveaux pour se dérober aux attaques supérieures, on mura ensuite ces mêmes caveaux pour se dérober aux attaques inférieures. Cette double tactique parut évidente à Rousselin. Pendant un assez long espace, à droite et à gauche, on découvrait encore, aux lueurs de la lampe, des traces incontestables d'habitation, des débris de bancs vermoulus, des crochets de fer fixés aux murs, de larges pierres unies, servant de siéges, et surtout beaucoup d'inscriptions illisibles, ou effacées par l'humidité; en pareil lieu, les inscriptions sont toujours faites par ceux qui restent, et non par ceux qui passent. La manie du prisonnier ou du proscrit est de charmer ses ennuis en inscrivant sa pensée sur un mur, comme on dépose une confidence triste dans le sein d'un ami. Le mur a souvent remplacé l'ami dans les horreurs de la prison.

Tout ce que découvrait Rousselin était d'une tristesse horrible, mais cet homme avait tellement incrustée au cœur la passion de ces sortes de mystères et de ténèbres, qu'il oubliait même sa position fatale pour s'extasier devant les merveilles de ce monde nouveau, ces royaumes du vide, *inania regna*, déroulés devant lui.

En pareille latitude, le moindre bruit qui n'est plus en harmonie avec tous les petits murmures qu'on écoute depuis longtemps, arrête les pas, brûle les oreilles, agite la racine des cheveux, étreint les muscles du cou. Rousselin éleva sa lampe au-dessus de sa tête, pour voir aussi loin que pouvait le permettre la dégradation des teintes ténébreuses. Rien ne se montrait; rien qu'un mur grisâtre et un pilier massif, soutenant une clé de voûte affaissée par le poids de Paris. L'ouïe de Rousselin avait une vertu féline qui ne souffrait pas qu'on l'accusât d'imposture; ce qu'elle entendait était très-bien entendu.

Même Rousselin devina que ce bruit

n'appartenait pas au passage d'un reptile, au coup d'aîle d'un oiseau de nuit, à la chute des gouttes d'eau sur les pierres du souterrain. L'exquise perfection de l'oreille avait distingué une plainte humaine, et l'aventureux visiteur comprenait de plus, à la répercution de l'écho, que le danger n'était pas loin. Seulement, au milieu de cet entrecroisement de voûtes et d'ellipses, naturelles conductrices des moindres sons, il était impossible de savoir de quel côté venait le péril. Cette incertitude ne fut pas longue; une tête pâle et couverte de cheveux noirs se montra derrière le pilier grisâtre, et un éclat de rire de damné accompagna cette épouvantable apparition.

Rousselin savait par expérience que la fuite est le pire des préservatifs contre le danger; il s'avança résolument et à l'instant même. Un homme à moitié nu, armé d'un couteau, se précipita sur lui; Rousselin para le coup en maître d'escrime, et sa vive riposte asséna un vigoureux coup de marteau sur le bras droit de l'assaillant, qui poussa un cri de rage ou de douleur et laissa tomber l'arme.

Rousselin la ramassa, et cet homme prêt à tous les crimes, mais ayant toujours une horreur invincible pour le sang versé dans un assassinat, dit à l'habitant du souterrain, pour lequel il avait déjà quelques sympathies :

— Es-tu seul ici?

— Seul.

— Et que viens-tu faire ici? vas, ne crains rien, tu peux parler; si j'avais voulu te tuer, qui aurait pu m'empêcher de le faire? n'aie pas peur, je suis peut-être ton ami.

— Vous voyez-bien que je suis seul, répondit l'autre ; si j'avais des compagnons, je les aurais appelés à mon secours. Ce souterrain est mon refuge. Il y a sans doute, dans d'autres endroits, ténébreux comme celui-ci, d'autres malheureux comme moi, mais je ne les ai jamais vus, ou je les ai adroitement évités, parce que l'habitude de ces caveaux nous donne l'instinct des hibous et des chauves-souris; nos oreilles sont des yeux, et nous voyons très-clair lorsque nous entendons.

— Et à quel genre de malheureux appartiens-tu ? demanda Rousselin d'un ton paternel, en croisant sur sa poitrine ses bras, dont l'un était armé d'un marteau et l'autre d'un poignard.

— Vous n'avez pas deviné? dit l'autre avec un sourire mélancolique.

— Ma foi! non; je n'ai pas deviné.

— Vous ne me trahirez pas?

— Imbécile! quel intérêt ai-je à te trahir? Tu me dois la vie, et tu commences déjà, toi aussi, à être ingrat!

— Vous avez raison; je ne dois pas vous craindre... Voici mon histoire en quatre mots. Je suis né à Paris, à la barrière des Deux-Moulins. A vingt-deux ans, j'ai malheureusement aimé une fille qui me dondait de grandes inquiétudes sur sa fidélité. Un jour, dans un accès de jalousie, je l'ai frappée d'un coup de poignard. Elle a survécu à sa blessure. Moi, on m'a jugé; on m'a condamné à vingt ans de galères; j'en ai passé quatre à Brest; puis j'ai trouvé moyen de m'évader. Je suis venu à

Paris, qui est, pour nous, la ville la plus sûre : j'ai appris que cette femme était entrée, comme sœur de charité, à l'Hôtel-Dieu. Je l'aime toujours, malgré le mal qu'elle m'a fait, et je voudrais la revoir encore une fois, dussé-je mourir à côté d'elle, dans son hospice, sur un grabat.

— Et depuis combien de temps mènes-tu cette vie souterraine ?

— Depuis quinze mois.

— Et comment fais-tu pour vivre ?

— Je fais comme le loup : je sors quelquefois la nuit. Puisque le loup trouve sa nourriture, l'homme doit la trouver.

— En effet, tu ressembles assez à un loup.

— Si je ressemblais à un Adonis, je ne serais pas ici. Il n'y a de malheureux en amour que les gens très-pauvres et très-laids.

— Tu te trompes : il y a d'abord ceux-là, c'est incontestable ; mais on en trouve d'autres encore.

— Et vont-ils aux galères, ces autres?

— Ma foi! ils pourraient bien y aller, si on les trouvait... Mais revenons à nos loups... Voyons, ceci m'intéresse : comment fais-tu pour manger ?

— Rien n'est plus facile : je prends.

— C'est-à-dire... tu voles...

— Non pas, c'est bien différent ; j'ai horreur du vol.

— Explique-moi cette distinction.

— Il faut que je vive, n'est-ce pas?

— Je n'en vois pas trop la nécessité dans ta position, mais enfin je te l'accorde, puisque tu tiens à vivre.

— Deux fois par semaine, je sors de mon trou.

— Et par où sors-tu ?

— Par là, de ce côté... il y un escalier de terre que j'ai fait, et qui s'ouvre à l'air des vivants, au milieu d'une cour déserte, de l'autre côté du boulevard. C'est un terrain à vendre pour bâtir, et il y a des herbes hautes comme dans un cimetière abandonné. Malheureusement, il faudra bientôt que je me retourne d'un autre côté, parce que l'autre jour des entrepreneurs sont venus, et ils ont dit qu'on allait commencer à bâtir sur ce terrain. Si on bâtit une maison sur mon trou, je me trouve ici, pris comme un rat sans prévoyance, ce qu'on n'a jamais vu dans l'espèce de ces animaux, qui sont nos précepteurs.

— Tu es un observateur profond, dit Rousselin en riant; continue.

— Figurez-vous, monsieur, dit le galérien du ton d'un homme qui entre en familiarité, figurez-vous que ces rats sont de vrais diables, des sorciers. D'abord, ils ne se méfient plus de moi, parce qu'ils comprennent que je suis obligé de vivre comme eux, et ils me traitent en camarades. L'autre jour, il y en avait deux, et les plus fins de la bande, qui écoutaient les entrepreneurs de maçonnerie, au bord du trou, et ils se regardaient d'un air inquiet. Ces deux chefs ont eu l'air ensuite de tenir conseil avec d'autres confrères, et le soir même, ils se sont établis à la file, dans un autre endroit; un ingénieur a donné les premiers coups de dents sur un terrain, et chaque rat est venu à son tour travailler à une nouvelle issue ; elle sera prête, sans aucun doute, lorsque les entrepreneurs de maçonnerie auront comblé l'ancien trou, qui maintenant encore sert à tout le monde, à ces pauvres animaux et à moi.

— Oui, dit Rousselin ; ces animaux font réfléchir ; il faut être prudent et prévoyant comme eux.

— Ce sont eux aussi, poursuivit l'autre, ce sont eux qui m'ont appris à faire mes provisions.

— Ah oui ! interrompit Rousselin, tu t'es écarté du sujet qui m'intéresse davantage. Raconte-moi tes repas.

— Je sors, comme je vous l'ai dit, à certains jours de la semaine, et au milieu de la nuit, en évitant autant que possible les clairs de lune. Pour ne pas vous ennuyer, je vais seulement vous expliquer comment je m'y prends pour me procurer un gigot de mouton, ou une entrecôte de bœuf.

— Ceci est trop fort, dit Rousselin en riant, tu manges des rôtis ?

— Excellents ! monsieur.

— Mais tu les manges crus ?

— Ce ne seraient plus des rôtis s'ils étaient crus.

— La réflexion est juste ; voyons donc vite ; comment t'y prends-tu pour les faire cuire ?

— Rien de plus aisé... tenez... regardez là, dans cette excavation, je fais du feu et j'établis ma cuisine à la façon des Bohémiens.

— Très-bien ! je comprends maintenant. Explique-moi le reste ; je suis fâché de t'avoir interrompu pour si peu.

— Vous savez, monsieur, qu'il y a dans Paris une grande quantité de magasins de boucherie qui sont fermés par des grilles ou des portes à claire-voie ?

— Je sais cela ; les bouchers ont recours à ce moyen pour donner à leurs marchandises une fraîcheur dont elles ont toujours besoin.

— Je porte donc avec moi cette perche que vous voyez-là...

— Ce n'est pas une perche, c'est un bâton.

— Non, monsieur, c'est une perche ; regardez, elle a quatre compartiments, et elle prend la longueur que je veux. Armé de cette perche qui a un croc au bout, je décroche une pièce de viande, je l'amène jusqu'à la grille, et avec ce couteau que vous m'avez pris, je la dépèce à tranches, et je ne laisse pas une trace de mon expédition.

— Il me semble que cela ressemble assez à ce que nous appelons un vol.

— Non, monsieur ; si les bouchers redoutaient d'être volés, ils mettraient deux grilles ; puisqu'ils n'en mettent qu'une, c'est qu'ils veulent faire du bien aux pauvres gens et leur donner l'aumône sans les humilier : j'entre dans leurs idées généreuses, et je prends ce qu'on me laisse, sans précaution, sur le seuil des boutiques.

— A la bonne heure ! c'est une philosophie comme une autre.

— Maintenant, monsieur, j'espère que vous me rendrez mon couteau, dont vous voyez que j'ai un si grand besoin.

— Je te le rendrai... Mais avant, conduis-moi à l'issue du terrain à bâtir.

— Venez, monsieur..... prenez bien garde... marchez sur la pointe des pieds... ne faites pas de bruit.

— Il y a donc du danger de ce côté?

— Non, monsieur, il y a de pauvres animaux qui dorment.

VIII.

GRÉGOIRE MACHEFER.

Rousselin fut conduit ainsi jusqu'à l'ouverture des caveaux, et à la clarté douteuse de quelques étoiles, il vit une vaste cour, close de petites murailles, et dont les hautes herbes attestaient l'abandon.

— Ils ont la rage maintenant de bâtir partout, lui dit le galérien ; il ne restera bientôt plus à Paris un jardin, une cour, un arbre. Vraiment, on ne sait plus où se réfugier pour vivre tranquille !

— Et tu ne connais pas d'autre issue que celle-ci ? demanda Rousselin.

— Non, monsieur ; mais vous, vous devez en connaître une autre, puisque vous êtes venu de l'autre côté ?

— Oui, dit Rousselin ; mais celle-là, tu ne la connaîtras pas.

— Comment ! monsieur ; si demain les entrepreneurs viennent commencer leur travail ici, vous me laisseriez enterrer vivant dans ces caveaux comme une taupe !

Rousselin sourit, réfléchit quelques instants, et dit comme en *à parte* :

— J'ai bien envie d'essayer encore une fois de faire un ingrat.

Et, haussant la voix, il ajouta :

— Écoute : si je t'habillais comme un honnête homme, si je te donnais quelque argent, consentirais-tu à reparaître dans le monde, et te crois-tu assez rusé pour tromper les yeux de la rue de Jérusalem ?

— Moi, monsieur ! dit le galérien en contenant une explosion de joie, pouvez-vous douter de ma finesse ! J'ai trompé tous les gardes-chiourme du bagne ; j'ai trompé les inspecteurs des cabanons ; j'ai trompé les sentinelles de l'arsenal ; je me suis échappé, en plein midi, du milieu de trois mille galériens, et vous me demandez si je pourrais tromper la police de Paris ! des aveugles qui s'arrêtent quelquefois entre eux pour faire voir qu'ils gagnent l'argent qu'on leur donne tous les samedis ! Allons donc, monsieur ! vous ne connaissez pas un galérien !

— Ne te fâche pas, dit Rousselin : mais écoute, il me semble que jamais tu ne pourras te faire une tête et une figure de société humaine. Tu ressembleras toujours à un échappé du bagne ou de l'enfer

— Eh bien ! c'est ce qui vous trompe, monsieur. Tenez, regardez-moi bien en face.

— Oui, je te regarde ; tu as un profil horrible ; des yeux enfoncés et couverts de poils ; un nez qui ressemble à un bec ; une bouche qui est heureuse de rencontrer des oreilles ; une barbe de bélier sauvage ; un teint de vampire au clair de lune ; un cou d'autruche déplumée ; un regard de tigre à jeun. Tu vois que je t'ai bien regardé.

— Monsieur, dit le galérien, ce signalement n'est pas très-flatteur, et peut-être il est vrai. Eh bien! donnez-le à toute la gendarmerie française, et je veux la traverser dans toute sa longueur sans être reconnu pour Grégoire dit Mâchefer.

— Tu crois cela?

— Si je le crois! j'en suis sûr jusqu'au bout de mes ongles. Ah! si vous m'aviez vu sortir du bagne, vous seriez de mon avis et pas du vôtre.

— Tu ne te ressemblais donc pas?

— Pas plus, monsieur, que votre lampe ne ressemble au soleil. Je suis sorti blond, frais, rose, doux, gras, tout le contraire enfin de ce que vous me voyez aujourd'hui. Ici, dans ces caveaux, je n'ai aucun intérêt à me transformer ; vous m'avez surpris en négligé de souterrain. Donnez-moi un quart-d'heure et je vous montrerai une autre figure ; donnez-moi ensuite des habits, et je vous montrerai un autre homme.

— Tu as donc ici, dans quelque coin, tous tes instruments de toilette?

— Mais certainement. Ce sont les habits et l'argent qui me manquent. Si j'étais né voleur j'aurais pu me procurer tout cela, mais j'ai toujours eu le vol en horreur.

— Soit, je te donne une demi-heure pour ta transformation, et après... après, nous causerons.

— Laissez-moi allumer ma chandelle à votre lampe, et promenez-vous, en m'attendant... là, toujours devant vous.

Rousselin resté seul voulut employer ses loisirs à son amusement de prédilection et visiter en détail ce nouveau domaine ténébreux que le hasard lui offrait. Il vit d'abord une salle assez vaste et solidement voûtée, qui paraissait avoir servi de lieu d'asile et de refuge à différentes époques. Les murs conservaient encore quelques inscriptions, qui ressemblaient souvent aux hiéroglyphes des temples souterrains d'Isis. Ce qui fit faire à l'archéologue Rousselin une réflexion ou une théorie, malgré ses sombres préoccupations. L'écriture est née dans une crypte, se dit-il ; la chose me paraît incontestable. Dès qu'il y a eu deux hommes sur la terre, il y a eu un prisonnier et un emprisonneur. Caïn avait enfermé Abel dans quelque caverne avant de le tuer. Or, comme l'existence d'un prisonnier se compose d'une série d'ennuis sans solution de continuité, l'homme, privé d'un compagnon, a parlé aux murs qui l'entouraient, et ensuite il a voulu laisser sur ces mêmes murs des empreintes de son passage et des traces visibles de ses douleurs. Un caillou tranchant a été la première plume du premier écrivain qui a été un prisonnier.

Voici les inscriptions que Rousselin recueillit dans cette salle :

Avril 1793... Marc Sevoine de Caen.

Mort, tu ne failliras pas
En me donnant le trépas.

« Stubler frères, royalistes, condamnés à mort le 3 nivôse an II; exécutés le 4, disent les registres du tribunal révolutionnaire, et déjeûnant le 5, même mois, même année, ici, avec quelques amis dévoués, vingt-quatre heures après leur exécution.

» 10 thermidor. Adieu prison! Jean Colmaille, de Metz.

» *Dansons la Carmagnole!* 8 prairial an III. Jacques Duché, de Grenoble.

» Ici s'est retiré, le 22 juillet 1830, Pierre-Auguste Leblanc de Yères, patriote, après s'être évadé de la prison du Châtelet. Mort aux tyrans! vive la liberté! »

D'autres réfugiés, vaincus des luttes sociales, s'étaient contentés d'inscrire une citation, un mot sans signature; Rousselin remarqua ce vers si mélancolique de Virgile :

Vivite felices quibus est fortuna peracta (1).

Un monstre dont le nom devait plus tard retentir avec éclat dans un hideux procès de cour d'assises avait accolé son nom à celui du bonhomme La Fontaine :

Amour, tu perdis Troie.

15 avril 1798. Papavoine.

Nous n'avons pas, on le pense bien, conservé l'orthographe originale de ces inscriptions. En général, les visites dans ces lieux souterrains se font avec la curiosité ardente et fiévreuse de la jeunesse, et cette curiosité n'est pas de celles qui pren-

(1) Vivez heureux, vous dont la fortune est faite.

nent des notes, pour se créer des impressions posthumes. Quand longues années après viennent les réflexions, l'esprit, sans doute, aidé de la mémoire, peut reconstruire ce monde aperçu en passant; mais il ne saurait lui donner toute sa couleur locale. Cela dit, suivons Rousselin, qui, prêt à sortir de cette première salle, est arrêté par des caractères informes et bizarres, qui, au premier aspect, ne présentent qu'un amalgame irrégulier de barres et de ronds.

— Ceci demande quelques instants de patience et d'études, se dit Rousselin. Le brave homme n'était pas aussi lettré que ses voisins. Il n'a pas cependant voulu partir sans laisser sa trace. C'est, ma foi, joli, ce qu'il a fait là. Quel gâchis ! ah ! je commence à comprendre ; j'y suis, c'est un mot de Saint-Just, et il n'est pas mal trouvé pour la circonstance :

« Ceux qui veulent faire des révolutions
» dans ce monde, ceux qui veulent faire le
» bien, ne doivent dormir que dans le tombeau. »

Et au-dessous de ces paroles célèbres, Rousselin lut encore :

« Signé Muscius Scœvola, vainqueur de la Bastille, patriote de la section de la Butte-des-Moulins. An IV. Vive la République ! »

— Allons ! se dit-il intérieurement, il paraît que la société tout entière a passé en détail dans mon futur domaine. Toutefois, puisqu'on va en fermer l'issue générale, profitons d'un instant de répit et faisons ample connaissance avec les localités.

Et ce disant, il avançait dans un étroit passage, percé au vif dans les couches d'argile et de craie qui forment le sous-sol de Paris. Cette espèce de corridor établissait une communication entre la salle que nous venons de quitter et les autres parties des souterrains de Saint-Paul que nous n'avons pas encore explorés.

A en juger par la beauté des voûtes, par les forts revêtements de pierre qui couvrent les parois et les préservent contre les suintements de ces gouttes d'eau qui savent traverser les montagnes comme un filtre, nous sommes dans la portion la plus belle, la plus royale de l'hôtel souterrain de Saint-Paul. Les arceaux, qui des revêtemens latéraux partent pour s'épanouir aux voûtes et les soutenir, portent inscrite dans leur ogive la date de cette belle époque architecturale de Charles V, dont la gloire n'a pu être effacée que par les plus beaux jours de la Renaissance. Pleines d'élégance, de force, de coquetterie, de hardiesse, des gerbes de colonettes, à moitié détachées des flancs des piliers, s'élancent du sol pour aller s'unir aux arêtes vives qui décrivent les courbes ogivales, et quand celles-ci, accourues des points extrêmes et opposés, se rencontrent, la sculpture vient en aide à l'architecture ; elle couvre de ses plus merveilleuses fantaisies, ces riches pendentifs qui semblent, dans un baiser mystérieux, dans une étreinte sympathique, relier, comme en un seul faisceau, toutes les forces qui ont présidé à l'achèvement de l'édifice et sont à jamais chargées de conjurer sa ruine.

Malheureusement la ruine arrive quand

même. Le délabrement a été le résultat le plus direct de l'abandon de ces constructions souterraines. Rousselin, qui était, nous le savons, un archéologue distingué, lança d'abord un coup d'œil d'admiration à ces splendeurs antiques. Mais comme le passé ne lui faisait jamais oublier le présent, après le premier regard donné aux voûtes, il porta le second sur le sol et reconnut avec plaisir qu'il était couvert de dalles envahies par d'épaisses couches de poussière. Tout autour de cette première salle, régnait un banc de pierre ; mais le temps avait descellé les diverses assises.

Trois autres salles étaient attenantes à celle-ci et communiquaient avec elle, les deux premières par des issues entièrement libres, la troisième par une porte perdue, dissimulée avec soin dans l'épaisseur de la muraille; partout d'ailleurs mêmes voûtes, mêmes revêtements en pierre. La première, celle que nous avons décrite, ne portait aucune trace d'habitation récente. Il n'en était pas de même des deux autres. A voir les inscriptions qui couvraient les pierres latérales, et mille débris épars çà et là, il était aisé de comprendre que ceux qui se trouvaient réduits à habiter ces étranges demeures n'aimaient pas s'en tenir au vestibule et établissaient leurs appartements particuliers dans les salles voisines.

En effet, dans celles-ci se trouvaient des bottes de paille plus qu'à moitié pourries, des pierres éparses et rangées comme si elles avaient servi d'oreillers, et partout des os, rongés à blanc, attestant que la faim des hommes et des animaux avait été successivement assouvie. Aux murailles, attachées à d'énormes clous, appendaient des débris de loques qui jadis avaient été des vêtements et qui à cette heure n'auraient pas même été ramassées par le chiffonnier du soir. Il fallait avoir la sombre passion de Rousselin pour fureter comme il le faisait et inventorier ce fumier. Il passa tout en revue, plus exactement que le général qui passe devant ses soldats, même dans une inspection générale. Rien n'échappa à sa curiosité. Pour quiconque ne l'eût point connu et l'aurait rencontré avec ses habits d'honnête homme, examinant ainsi à la lueur blafarde d'une petite lampe tous ces objets hideux, Rousselin aurait pu poser pour le tableau du philosophe qui sonde jusqu'à quelles profondeurs peuvent descendre la misère et la dégradation humaine.

En effet, dans ce moment, la pensée de Rousselin avait quelque chose de philosophique. Mais ce n'était pas l'âme qu'il étudiait, c'était le cœur; et il se faisait intérieurement à lui-même un énergique et effrayant tableau de tout ce qu'aurait pu oser et entreprendre un homme comme lui, avec des hommes comme ceux qui avaient vécu dans ces souterrains. Pour les mieux connaître, il fallait voir ce qu'ils avaient écrit.

Nous l'avons dit, toutes ces murailles étaient couvertes d'inscriptions. Nous en citerons encore quelques-unes.

A côté d'un aigle grossièrement sculpté on lisait :

« Je suis condamné à mort. Je vais au

Champ-d'Asile. Vive l'empereur ! » Pierre Teissier, capitaine. 7 août 1816.

Une autre sculpture représentait la guillotine et au-dessous était écrit :

« Je n'épouserai pas la veuve.
» Henri Titot, dit Avale-Tout-Cru, 1837. »

Et plus bas :

« Tu es un bon zigue.
» Honoré, 1838. »

Un hasard nous a fait connaître en 1842, au bagne de Toulon, l'histoire d'Avale-Tout-Cru. C'était un de ces voleurs redoutables, connaissant leur code mieux que les meilleurs procureurs, et avant de commettre une faute sachant parfaitement la peine qu'ils encourent ; du reste, tellement habiles et fins qu'ils parviennent le plus souvent à tromper la police du bagne et à s'évader. Ce sont les seules évasions qui réussissent.

Les autres inscriptions que lut Rousselin ressemblaient toutes à peu près à celles que nous avons citées; il y en avait de toutes les époques. Toutes les crises politiques avaient versé dans ces souterrains des proscrits, toutes les heures y avaient versé des malfaiteurs. Triste rapprochement, mais qui n'est que trop vrai ! Tous les jours ne voyons-nous pas, enfermés dans les mêmes prisons avec les voleurs, ceux qui tombent vaincus dans nos luttes et nos divisions politiques?

Rousselin était un homme de ténèbres et comme tel avait un flair particulier. Il devina qu'outre ces trois portes ouvertes à tout venant, il devait y en avoir d'autres plus secrètes, et, après quelques recherches, il trouva la porte dont nous avons parlé et qui se dissimulait dans la muraille. Ici un nouveau spectacle l'attendait.

La porte ouverte sans trop d'effort, il pénétra dans une salle plus basse que celles dont il sortait, mais du reste d'architecture pareille, et même à en juger par les ornements des pierres plus gracieux, plus coquets, plus capricieux, ce devait être le boudoir de ces demeures souterraines. Une couchette à peu près convenable, deux fauteuils, un bahut, composaient l'ameublement de cette pièce. Ce bahut était en vieux bois de chêne sculpté avec un certain goût, mais ne remontait pas au temps que les voûtes désignaient comme celui de la construction du souterrain.

Après le délabrement des salles précédentes, un pareil luxe était chose trop extraordinaire pour que Rousselin ne voulût pas en avoir l'explication. Oubliant donc que l'heure avançait, il fouilla le bahut, et là, au milieu d'habits d'un autre siècle, il trouva un parchemin dont il ne lut que les premiers mots :

« Poursuivi par des ennemis acharnés, j'ai trouvé sous terre un asile. J'y vis depuis six mois... »

Rousselin n'alla pas plus loin, il courut à la signature et déchiffra le nom de *Latude* au bas du parchemin. Cette trouvaille était pour lui un trésor, mais habile à dissimuler, et voulant éviter l'œil qui à tout instant pouvait s'ouvrir sur lui, il se hâta de sortir de cette cachette. Il en referma la porte avec une soigneuse précaution et rentra dans les autres salles, où il resta encore quelque temps, déchiffrant des inscriptions.

Le retour du galérien suspendit la visite du souterrain. Cet homme était devenu vraiment méconnaissable, et il étonna Rousselin lui-même qui était passé maître dans les transformations physiques et morales. Ses yeux, dépouillés des protubérances velues qui les couvraient, paraissaient presque à fleur de tête, et avaient perdu leur formidable expression dans un sourire stéréotypé de bonhomie ; une forte dose de badigeon colorait ses joues et comblait les vides de la maigreur ; quant aux cheveux, ils avaient complétement changé de nuance ; de noirs ils étaient devenus châtains. L'ensemble de cette figure et de cette tête fausses n'offrait aucun disparate choquant ; rien n'y contrariait l'harmonie exigée dans la beauté comme dans la laideur. Il ne manquait à cet homme que des vêtements pour compléter sa rénovation.

— Eh bien ! me voilà, monsieur, dit-il en mettant sa chandelle à la hauteur de son nouveau visage.

— C'est parfait, dit Rousselin en l'examinant ; tu avais raison ; j'ai failli te prendre pour un autre, et j'allais me mettre sur la défensive ; car, d'après ce que je viens de voir, dans ces caveaux, il se pourrait bien que tu ne fusses pas le seul proscrit et le seul locataire de cet hôtel garni.

— Oh ! en ce moment, je suis seul ici, croyez-le bien ; mais j'ai eu beaucoup de prédécesseurs...

— Et que sont-ils devenus ?

— Ah ! les malheureux ! Vous le demandez ! ils se sont ennuyés de leur prison, de leur misère ; ils ont montré leurs visages au soleil, et les argousins les ont repris.

— Et ne crains-tu pas d'être repris, toi aussi ?

— Moi, c'est différent !

— Bah ! les autres aussi avaient dit : *Moi, c'est différent !* Chacun se croit plus fin qu'un autre, et la police est plus rusée que toute une chiourme évadée d'un ponton.

— Non, non, dit le galérien avec un sourire dirigé contre la police ; ne craignez pas cela pour moi, j'ai pris des leçons et j'ai eu le temps de réfléchir. Tous ceux qu'on a repris ne se servaient pas de mes précautions, ils prenaient leur vol au hasard comme des étourneaux. Regardez si je leur ressemble, moi ! J'ai passé quatre ans de ma vie à inventer des couleurs naturelles, des airs de tête, des yeux, des regards, des cheveux ; je me méfie du hasard comme d'un ennemi ; je marche toujours en regardant derrière moi ; je reconnais un mouchard d'une lieue. Je ne bois que de l'eau pour ne me jamais troubler la tête ; je ne me retourne pas quand on parle haut à mon côté, et j'entendrais prononcer mille fois par jour, dans la rue, les mots de galérien et de bagne, que je n'en ferais pas moins tout droit mon chemin, comme si les passants suspects n'avaient rien dit. Il y a des mouchards qui font semblant d'être des passants, et ne sont que des marcheurs. Dès qu'ils voient un pauvre homme mal peigné dans ses habits, pâle sur les oreilles et suant la fièvre de la faim, ils lancent en l'air quelques-uns de ces mots qui secouent un évadé malgré lui, et le trahissent tout net. C'est un vieux piége connu, mais il y a toujours quelque pied gauche qui donne dedans. L'homme est un animal si bête! Vous voyez donc, monsieur, que vous ne rendrez pas service à un imbécile, si vous me donnez un peu d'argent, de linge et de drap, pour vivre au soleil comme un chrétien.

— Bon! dit Rousselin d'un air satisfait, je suis content de tout ce que tu viens de dire, et on peut faire quelque chose de toi.

— Tout ce que vous voudrez, monsieur; je marcherais sur le feu pour vous.

— Voyons si tu as de l'imagination, mon pauvre Grégoire Mâchefer. Écoute! je te donnerai de l'argent et des habits, selon ma promesse, et il faut, en échange, que tu me rendes un service ; il faut que tu t'introduises dans un château pour savoir ce que font les gens qui l'habitent : comment t'y prendras-tu ?

Mâchefer baissa la tête et réfléchit.

— Il faut que je vienne à ton aide, lui dit Rousselin, tu réfléchirais trop. Écoute-moi bien !... connais-tu le village de Bougival ?

— Je connais toute la banlieue, grande et petite.

— Il y a, près de Bougival, un château avec deux tours, l'une très-haute et l'autre très-basse, et en briques rouges. Tu ne peux pas te tromper.

— S'il n'y a que ce château, je ne me tromperai pas.

— Voilà qui est bien parlé, Mâchefer... Écoute encore... Je te donnerai des habits modestes qui te serviront pour le métier que tu vas faire...

— Quel métier ?

— Le métier de colporteur de livres... Tu iras chez un libraire nommé Lebigre, dont tu connaîtras l'adresse en la demandant à la première boutique du quai des Grands-Augustins. Tu achèteras chez Lebigre, qui vend tout, les histoires de tous les pays...

— Avec de l'argent ? interrompit Mâchefer.

— Tu en auras, te dis-je... Je te recommande de prendre l'air stupide d'un colporteur qui vend des histoires...

— Soyez tranquille; j'ai beaucoup vu de ces colporteurs sur la grande route.

— Au reste, attends-moi ici; je vais te

chercher ce qu'il te faut pour accomplir cette mission, et je te mettrai par écrit la comédie que tu dois jouer.

IX.

UNE PREMIÈRE VENGEANCE.

Dans le voisinage de l'église Saint-Eustache, on trouve l'auberge du Cygne-de-la-Croix, modeste caravansérail des colporteurs d'images et de librairie à bon marché. Rousselin, qui savait tout et connaissait son Paris mieux qu'un cocher octogénaire, avait donné cette indication à Grégoire Mâchefer.

Ce dernier, docile aux instructions de son maître, choisit dans la troupe des colporteurs celui dont il pouvait imiter le plus naturellement le visage et l'allure, et lui acheta son passeport, sa médaille, son numéro, après de longues explications, et le renvoya par le chemin de fer en Touraine, dans son village, chez ses parents.

Le ballot, composé par Mâchefer, était rempli de toutes ces histoires fausses et compactes, imprimées avec des têtes de clous dans les imprimeries d'Épinal. Quelques bons ouvrages se laissaient voir au milieu de cette collection grotesque, et pouvaient tenter la curiosité d'un amateur et même d'un bibliophile. Le faux colporteur, habitué aux transformations subites, se donna tout de suite la tournure de son état ; il courba son corps en angle aigu, pencha la tête vers la pointe de ses pieds, et fit chanceler ses jambes à chaque pas sur le chemin routier de Bougival.

Le jardinier de madame Aubigny était en train de ratisser la grande allée couverte de feuilles jaunâtres de l'automne, lorsque Grégoire Mâchefer arriva devant la grille, et, s'asseyant sur un banc de pierre comme un homme brisé de fatigue, il dit au jardinier :

— Cela ne dérange personne que je prenne un peu de respiration ici ?

— Non, non, dit le jardinier ; reposez-vous à votre aise, mon brave homme. Vous faites-là un métier bien dur.

— Et encore, dit le colporteur en se débarrassant de son ballot, encore si on gagnait sa vie avec ce métier ! Mais la concurrence nous tue. Tout le monde se fait libraire ambulant. Le premier venu s'en mêle. Il n'y a pas d'apprentissage. On paie une patente, voilà tout.

Le jardinier écoutait cette plainte, appuyé sur son rateau.

— C'est égal, dit-il, je voudrais bien, moi, savoir par cœur tout ce que vous portez là, je ne serais plus jardinier demain.

— Oh ! pour ça, dame ! dit le colporteur, je puis me vanter d'avoir une fameuse marchandise ! je suis bien sûr qu'il y a des députés qui n'ont pas lu la moitié de mes livres. Celui qui aurait tout mon ballot dans la tête, comme je l'ai sur les épaules, serait ministre demain.

— Je crois bien ! dit le jardinier.

— Avez-vous des enfants ? demanda le colporteur.

— J'en ai deux.

— Eh bien ! je veux leur faire un cadeau qui les amusera. Tenez, donnez-leur ce livre ; c'est l'*Histoire des quatre fils Aymon*, avec des gravures superbes.

Le jardinier accepta le cadeau avec des gestes de reconnaissance, et proposa au colporteur de se rafraîchir, ce qui ne fut pas refusé.

Grégoire Mâchefer remit aux épaules son ballot, et suivit le jardinier dans l'allée.

Les fenêtres basses du château étaient ouvertes, et en passant, le jardinier s'approcha et dit quelques mots à l'intérieur, pour expliquer, sans doute, le passage d'un colporteur de livres sur les terres de madame Aubigny.

Pendant ce temps, le colporteur regardait d'un air hébété tomber les feuilles des arbres, lorsqu'une voix douce l'appela par le nom de sa profession; le jardinier lui fit signe d'entrer. Grégoire Mâchefer, invité à se présenter dans un château, témoigna d'abord quelque hésitation, en jetant un coup d'œil sur le désordre fangeux de sa chaussure, puis il eut l'air de se décider comme malgré lui.

Il y avait dans le salon deux personnes : Clémence Aubigny et son mari Lecerf. Le jeune homme ressemblait plutôt à un domestique qu'au maître de la maison. Ce déguisement trouvera dans la suite son explication.

— Voyons, dit Clémence avec un ton de voix qui ne pouvait dissimuler une tristesse incurable; voyons, que vendez-vous de bon dans ces livres?

— Oh! vous pouvez choisir, madame, il y a de quoi, dit le colporteur joyeusement : j'ai Anquetil, Mézeray, Rollin, Thierry, Michelet, Louis Blanc, Hume, Sainte-Foy, Méteren, Walter-Scott...

— Mais, interrompit Clémence, vous avez là une bibliothèque d'historiens...

— Oui, madame, mais je ne voudrais pas les avoir, je voudrais les vendre.

— Le commerce ne va donc pas?

— Pas du tout, madame.

— Ils disent toujours que le commerce

ne va pas, remarqua Lecerf; le commerce ne va jamais.

— Oh! monsieur a bien raison! dit naïvement le colporteur, sans faire attention à l'ironie.

— Vous ne vendez que dans la campagne? demanda Clémence.

— Je vends où je puis, madame. Toute la journée je cours les villages de la banlieue, et le soir je rentre à Paris.

A ces derniers mots Lecerf se leva et sortit du salon sans dire un seul mot, et sans faire le moindre bruit.

— Vous avez là, dit Clémence, une histoire des Pays-Bas par Méteren; ce n'est qu'un abrégé, n'est-ce pas?

— Oh! madame, je ne vends point d'abrégés; je laisse ce commerce aux petits colporteurs.

Clémence feuilleta le livre, regarda dans le salon, et ne voyant personne, elle dit à voix basse :

— Et que dit-on de nouveau à Paris?

— Mais pas grand-chose, madame.

— Vous n'avez rien appris dans les affaires de la politique, des chemins de fer, des procès criminels?

— Rien, madame; moi, je ne me mêle que de mes livres.

— Combien vendez-vous celui-ci?

— Madame, il y a trois volumes in-8°, édition compacte; nous metrons cela à 15 francs, 5 francs chaque volume. On nous les fait payer quatre à nous, et vraiment nous y gagnons à peine de quoi vivoter.

Clémence n'avait pas jusqu'au bout

écouté cette phrase du colporteur. Elle n'était pas achevée que trois pièces de cent sous étaient dans sa main et le livre sur la table de Clémence. La jeune femme reprit la conversation :

— Ainsi maintenant vous retournez à Paris?

— Oui, madame, je me suis arrêté aujourd'hui à Chatou et au Pecq, où je n'ai pas fait d'affaires. Puis je suis venu à Bougival. Depuis trois jours je cours du côté de Saint-Germain. Il est temps que je rentre au logis. J'y serai ce soir. Si, avant de partir, madame, qui a été assez bonne pour m'acheter ce livre, pouvait me laisser rafraîchir, je m'en irais tout d'une traite et garderais intactes les trois pièces rondes qu'elle m'a données, et je paierais avec le libraire qui me fournit.

Clémence appela le jardinier qui, tout joyeux du cadeau du colporteur, regardait les gravures avec ses camarades, et, sur un ordre, Grégoire Mâchefer fut conduit à l'office et mis en face d'un déjeuner improvisé comme il n'en faisait plus depuis longtemps. Pendant qu'il se restaurait, entra Lecerf, sous ces mêmes habits rustiques que nous avons déjà remarqués au salon et qui pour tous lui donnaient assez l'air d'un domestique de la campagne, mais qui n'auraient pas trompé l'œil exercé du galérien.

— Avez-vous, lui demanda Lecerf, parmi toutes vos histoires, celle de *Cromwell*, par M. Villemain ?

— Non, monsieur.

— Tant pis !

— C'est un ouvrage rare, mais si

Monsieur le désire, on en trouve encore quelquefois au fond de nos magasins, je m'en procurerai un exemplaire, et le porterai à ce château.

— Vous me rendriez service en me le procurant. Et avez-vous des livres d'agriculture?

— Ah! vous vous occupez aussi de cela! J'ai beaucoup de livres d'agriculture. Voilà la *Maison Rustique*, le *Parfait Jardinier*, le *Traité des Vaches laitières*, par M. Guénon, l'*Art d'élever des Lapins*, etc.

— Avez-vous le livre de l'abbé Reyre, sur l'*Élève des Vers à soie*?

— J'ai vendu hier mon dernier exemplaire. C'est un très-bon livre et très-demandé. Si vous le désirez aussi, je vous le procurerai avec l'histoire de Cromwell.

— Vous me feriez plaisir.

Le colporteur avait achevé son repas. Lecerf l'avait quitté avant la fin, et prenant le chemin de l'avenue, avait franchi la grille du château. Après quelques paroles échangées encore, soit avec le jardinier, soit avec les autres domestiques, le colporteur sortit de cette maison bénissant fort haut cette bienveillante hospitalité qui venait en aide à la fatigue et à la faim du pauvre voyageur. La grille passée, Grégoire Mâchefer connaissait cette maison comme s'il y eût toujours habité. Son œil terne, sa figure hébétée n'avaient rien laissé échapper. L'oreille était venue au secours du regard. Il tenait à prouver à Rousselin qu'il savait s'acquitter d'une mission délicate.

Déjà, d'un pied rapide, il cheminait dans la direction de Paris, lorsqu'au détour d'un sentier il rencontra Lecerf, qui, l'abordant fort naturellement :

— N'oubliez pas, lui dit-il, mon *histoire de Cromwell* et mon livre sur les *vers à soie*.

— Soyez tranquille, monsieur, vous les aurez après demain au plus tard.

— C'est bien tôt ; mais tant mieux, je désire beaucoup les lire tous deux.

— Vous les aurez, monsieur, fiez-vous à moi.

— A propos, vous m'avez dit que l'un de ces livres était rare. Peut-être, pour vous le procurer, aurez-vous besoin d'argent ?

— Oh ! non, monsieur. La dame de ce château, une bien bonne et bien brave dame, m'a remis trois pièces de cinq francs pour l'histoire de Méteren : avec cela je puis acheter bien des livres. Et puis l'on me ferait crédit ; nos fournisseurs me connaissent.

— Prenez toujours ceci ; l'argent ne fait jamais de mal, surtout dans les affaires. Ce sera un à-compte.

Et Lecerf glissait une pièce d'or dans la main de Grégoire Mâchefer, qui se défendait gauchement. Il reprit la conversation sur le ton d'une bonhomie parfaite :

— Puisque vous allez tout droit à Paris, vous pouvez encore me rendre un service.

— Deux, monsieur, plutôt qu'un, interrompit Grégoire qui déjà dressait l'oreille pour bien saisir cette complication nouvelle.

— Voici une lettre qu'il faudrait remettre vous-même à son adresse. Le facteur de Bougival est passé. Si je la mettais à la poste ici, elle ne partirait que demain. Vous pouvez lui donner vingt-quatre heures d'avance. Il n'y a pas de réponse. Vous n'aurez qu'à vous présenter, 32, rue Vivienne, à cette adresse. Vous remettrez la lettre au premier domestique qui se présentera.

— S'il n'y a que cela pour vous rendre service, c'est bien peu de chose. J'irai rue Vivienne tout de suite en arrivant à Paris.

Grégoire Mâchefer et Lecerf se quittèrent sur ces dernières paroles. Lecerf rentra au château de Bougival et Grégoire regagna Paris.

On marche vite quand on est content. Grégoire était satisfait de lui-même, il était heureux d'apporter de bonnes nouvelles à celui qui l'avait tiré de son cachot souterrain. C'est pourquoi nous ne serons pas étonnés de le trouver aux heures chaudes du jour sur le boulevard Beaumarchais, rôdant autour de l'enclos au milieu des hautes herbes duquel est l'entrée du trou qui le conduit aux souterrains.

Les maçons ont envahi le terrain; les travaux sont commencés; la cachette du galérien est perdue. Il ne verra plus son protecteur. Sa misère, au moment où il la croit dissipée, va devenir plus profonde que jamais. Depuis un quart-d'heure il flâne sur le boulevard ; son esprit fertile s'ingénie vainement pour trouver un biais sauveur. Enfin, un léger sourire crispe sa lèvre ; l'anxiété de son esprit s'évanouit.

Il s'avance vers l'enclos d'un pas décidé, et jetant sa balle juste au-dessus de l'ouverture qui lui donnait passage, il se couche dans les hautes herbes, comme le voyageur qui s'endort sous les arbres aux heures de midi.

Les maçons ne firent d'abord pas attention à ce dormeur. Mais quand leur travail les conduisit auprès de lui, un d'eux le réveilla brusquement :

— Dites donc, camarade, ne pourriez-vous pas aller faire votre méridienne ailleurs ?

— Eh ! laissez-moi, reprit le faux colporteur d'un ton dolent. Vous êtes bien heureux, vous autres, quand vient le soir, vous pouvez vous coucher et dormir tout votre saoul. Moi, il faut que je marche nuit et jour. Je dors quand je peux. A cette heure je suis las. Laissez-moi me reposer un instant.

— Il a raison, le gars. S'il est fatigué, laissons-le dormir, dirent quelques ouvriers et ils s'éloignèrent.

Grégoire avait bien auguré en se fiant à la bonté de leur cœur. Les maçons dépouillèrent l'enclos de toutes ses herbes, excepté à l'endroit où se trouvait Grégoire. Parfois ils s'interrompaient dans leur besogne pour se le montrer l'un à l'autre, et ils disaient :

— Comme il dort !

— Pauvre diable, il en avait un fameux besoin !

Et autres exclamations semblables. Mais Grégoire ne dormait que d'un œil, et ne perdait pas un mot de la conversation des ouvriers, prêt à recommencer sa supplique si on venait encore le déranger. Son plan était fait ; il lui fallait gagner le soir.

Elles descendirent enfin sur la ville, ces ombres tant désirées. On était en automne, et les ouvriers en quittant le chantier disaient :

— C'est toujours trois bonnes heures de sommeil qu'il aura prises. Cela lui redonnera des jambes. Il en faut pour porter son paquet.

A peine eurent-ils disparu, Grégoire, comme le rat à l'affût de l'occasion favorable, glissa dans son trou et attendit la visite de Rousselin.

Il importait trop à celui-ci de savoir le résultat de l'expédition du galérien, pour qu'il ne se trouvât point dans les caveaux à la venue de la nuit. Les premiers pas faits, Grégoire aperçut au loin une lueur, vers laquelle il se dirigea.

Rousselin écouta très-attentivement, et en lui recommandant de ne pas ménager les détails, le récit du galérien. Nos lecteurs le connaissent. Quand le narrateur en vint à la lettre :

— Mais tu ne l'as pas remise, au moins?

— Remise?... vous n'y pensez pas. Pour qui me prenez-vous donc?... Une lettre, me suis-je dit, peut toujours servir : en général, elle contient quelque secret, et il est toujours bon d'avoir les secrets des autres sans jamais leur donner les siens. Je l'ai donc gardée, et la voilà.

Et la lettre de Lecerf passa des mains de Grégoire aux mains de Rousselin. Elle portait pour suscription : *A mademoiselle Augusta, 32, rue Vivienne.*

Cette lettre renfermait ce qui suit : Madame, j'ai appris, par les journaux, la fâcheuse nouvelle de votre début, et je suis bien de l'avis du feuilletoniste qui, lundi dernier, affirmait que vous aviez été la victime d'une cabale infâme, excitée par votre talent et votre beauté. Vous aviez, à ce théâtre, une vieille jeune première qui depuis vingt ans hésite pour descendre à l'emploi des duègnes, et qui a suscité contre votre début tous les amants qu'elle a comptés dans sa longue carrière. Vous aviez donc pour ennemis tous les hommes qui vous sifflaient, et ils étaient nombreux. Si je vous disais que cet accident dramatique m'afflige, je vous tromperais : bien au contraire, il me réjouit. Ne vous effarouchez point de ce dernier mot, et lisez-moi jusqu'à la fin.

» La passion du théâtre avait exilé de votre cœur tous les autres sentiments. Quand on rêve de devenir l'idole public, on se soucie fort peu d'être l'idole d'un seul homme. J'étais un atome sous vos pieds avant le lever du rideau ; j'ai l'espoir de me grandir après sa chute. Soyez femme, cela vous consolera de n'être pas actrice ; ne prodiguez pas faussement ce nom sacré d'amour entre deux coulisses de toile peinte ; prenez au sérieux le titre d'amante dans sa plus intime réalité. Augusta, vous êtes jeune aujourd'hui, mais la vieillesse arrive toujours un lendemain, et quand elle arrive avec la pauvreté, c'est la longue et douloureuse agonie qui précède la mort. Vous avez déjà beaucoup de dettes, je le sais. Eh! mon Dieu, quelle est l'honnête femme qui n'a pas de dettes! Vos dettes sont des vertus; je consens à payer vos vertus; je consens à vous *faire un sort*, excusez cette formule banale; je consens à dorer votre existence, et je remercie le sort intelligent qui m'a fait riche pour vous aider à le devenir,

» A vos pieds divins,

L. »

P. S. « Mon messager prendra votre réponse dans deux jours, poste restante. »

Rousselin fit un sourire de démon, après la lecture de cette lettre ; il la ferma de l'air d'un homme qui vient d'improviser une résolution de vengeance, et appelant Grégoire Mâchefer, il lui dit :

— Tu peux maintenant aller t'établir dans quelque mauvaise auberge du faubourg, et dire adieu à ton souterrain. Demain, je sortirai à midi du café de la rue Boucherat; nous nous rencontrerons, sur le boulevard, au coin de la rue du Pas-de-la-Mule, et je te dirai deux mots en passant.

Le lendemain, à ce rendez-vous, Rousselin remit la lettre à Grégoire en lui disant :

— Porte cela tout de suite à son adresse, 32, rue Vivienne ; et tous les jours, à la même heure, jusqu'à nouvel ordre, tu me rencontreras ici.

Avec son adresse ordinaire, Rousselin avait ajouté à la lettre cet autre *post-scriptum* :

P. S. « Belle Augusta, si vous craignez d'écrire, venez tout simplement me présenter le bilan de vos dettes, demain à mon Bougival. Je serai seul (demandez le château de madame Aubigny); au reste, vous ne pouvez pas vous tromper, il n'y a que ce château dans le voisinage, et on aperçoit ses deux tours de la station du chemin de fer. »

Grégoire porta cette lettre à mademoiselle Augusta, qui s'écria toute joyeuse après l'avoir lue :

— Ah ! je crois bien que j'irai à son château !

X.

LA LIONNE BLESSÉE.

Le lendemain, mademoiselle Augusta montait d'un pas de sylphide le grand escalier du chemin de fer de Rouen. Le cadran marquait onze heures et demie.

L'actrice s'était mise en frais de toilette

d'automne; elle venait même d'acheter une mantille et un chapeau pour ajouter deux charmes à sa beauté et deux dettes à son bilan.

A la station de Bougival, elle descendit l'escalier de gauche et se dirigea vers le château de madame Aubigny, qu'un préposé du chemin lui avait désigné dans un lointain assez rapproché.

En arrivant elle ne se fit point annoncer; elle entra dans le salon comme dans le sien, et n'y trouva qu'une jeune femme dont la laideur, reproduite dans un miroir, fit tout de suite un étrange contraste avec sa beauté.

Clémence tressaillit en voyant tomber devant elle, à l'improviste, cette femme qui avait l'allure décidée d'une maîtresse de maison.

— C'est bien ici le château de madame Aubigny ? demanda l'actrice d'un ton résolu, comme si elle eût parlé sur les planches d'un théâtre.

— Oui, madame, répondit Clémence avec une émotion qui était un pressentiment.

— Mais il est très-beau, ce château, continua l'actrice, en regardant le salon en détail. Tiens! c'est drôle! voilà une garniture de cheminée qui ressemble à la mienne! avec cette différence que votre pendule est un Annibal qui passe les Alpes, et la mienne est un Scylla qui donne sa démission. Je connaissais le modèle de votre pendule ; il est exposé rue Vivienne. Nous l'avons marchandé, on me le faisait quatre cent cinquante francs, mais je n'aime pas Annibal.

Clémence ouvrait, autant que possible, ses petits yeux, et ne comprenait rien à ce préambule étrange et sans précédents.

— Eh bien ! madame, continua Augusta sur un ton de volubilité incroyable, vous savez donc mon histoire ? mais les journaux l'ont tronquée. Les journaux tronquent tout. Il y a une cabale, c'est vrai, mais j'aurais triomphé de la cabale; j'avais donné dix louis au chef de claque pour me soutenir ; mais au quatrième acte le vrai public s'est mis à siffler les auteurs, et moi j'ai été sifflée par-dessus le marché. Figurez-vous que les stupides auteurs avaient mis deux mères en scène et deux fils. Vous savez que, depuis soixante ans, on abuse au théâtre des mères et des fils. Il n'y a pas de succès possible sans cela, parce que tout le monde a été plus ou moins mère de son enfant. Nous étions donc deux mères, et nous étions en train de chercher nos fils, qui, selon l'usage du théâtre, sont toujours perdus pendant quatre actes et demi et six tableaux. L'autre mère, ma rivale, venait de retrouver son fils, en s'écriant, toujours selon l'usage : *Mon fils m'est rendu ! Merci, merci ! mon Dieu !* ce qui fait aussi toujours pleuvoir des averses de larmes sur toute la ligne du boulevard. Il n'y a pas de succès sans cela. Jamais le public ne se lasse d'entendre cette exclamation. Moi, voyez, madame, comme les auteurs sont bêtes ! moi, j'arrive un quart d'heure après cette mère, et je retrouve aussi mon fils, âgé de cinq ans, qu'un Bohémien m'avait enlevé. Donc, à mon tour, je m'écrie aussi : *Mon fils m'est rendu ! Merci, merci ! mon Dieu !*

Croiriez-vous, madame, que ces mots qui depuis *Mérope* ont fait pleurer trois générations de Parisiens, ont soulevé cette fois, sous mon nez maternel, une tempête d'éclats de rire? Après les rires, on a sifflé avec un enthousiasme incroyable. Moi, j'étais toujours à genoux, les mains jointes, et je tenais dans mes bras mon enfant, qui est le fils d'une ouvreuse des premières galeries, et qui est aussi bête que blond. Le public sifflait toujours; l'un des auteurs s'est évanoui contre une colonne qu'il a crévée. On a baissé le rideau. L'autre auteur, qui ne s'était pas évanoui, est venu à moi et m'a dit insolemment : Madame, vous avez fait tomber mon drame. — Vous êtes un imbécile, lui ai-je dit; quelle rage avez-vous de mettre deux mères dans une pièce? — Madame, a-t-il répondu sérieusement, avec une mère on a cent représentations, avec deux mères on doit en avoir deux cents, mais il faut d'autres actrices que vous.

— Qu'auriez-vous fait, madame, à ma place, devant une telle insulte ?... J'ai donné un soufflet à cet auteur ; deux pompiers m'ont arrêtée ; le commissaire de police a voulu me conduire en prison ; heureusement un grave député de mes amis, qui flânait dans les coulisses, a montré sa médaille, et a prouvé, *le Moniteur en main*, qu'il votait toujours pour M. Guizot. Alors, on m'a rendue à ma liberté ; mais le directeur a tout de suite écrit une circulaire à tous ses confrères de Paris et de la province, pour me fermer la porte de tous les théâtres, à cause de cet auteur souffleté si à-propos. Le lendemain matin, les créanciers m'ont assiégée; j'avais promis des à-comptes, et je me fondais sur la promesse que l'administration m'avait faite de me donner deux mille francs d'avance. Vous comprenez bien qu'avec mon algarade, cette promesse est tombée dans l'eau : c'est que, madame, vous ne vous figurez pas le train d'existence que je mène. J'ai un coupé au mois, j'ai deux domestiques et un cuisinier; je reçois deux fois par semaine, avec ambigu et rafraîchissements à discrétion; je ne porte mes robes que deux fois; Hocquet m'envoi un chapeau par semaine... Comment trouvez-vous celui-ci?... Vous le verrez demain, il sera fripé. Ma femme de chambre n'a point de tête. Je la garde parce qu'elle parle anglais, et que j'en reçois beaucoup, d'Anglais. Une femme comme il faut ne peut pas vivre comme la femme d'un épicier. Et puis, je n'ose pas tout vous dire ; j'ai le cœur bon comme toutes les artistes ; si un malheureux vient chez moi, il en sort toujours avec un louis à la main. Les bonnes actions sont aussi ruineuses que les mauvaises. A la fin de l'année, après avoir dépensé cinquante mille francs avec beaucoup d'économie, je me trouve encore pas mal de dettes sur les bras. Il faut donc que je change de conduite et que je purifie mon passé. Toujours, toujours, ce maudit passé compromet l'avenir. Les arriérés sont incomblables, pardonnez-moi ce mot qui peint bien ma position financière, et celle de l'Angleterre et de la France. Aussi, j'ai béni cette lettre généreuse qui me promet de combler le déficit de mes finances et d'assurer mon avenir.

L'actrice, épuisée par ce monologue, se tut, respira et caressa ses lèvres avec un mouchoir de fine batiste. Clémence Lecerf était immobile et cherchait en vain une parole pour interroger convenablement cette femme si belle, si loquace et si mystérieuse ; enfin, elle crut pouvoir hasarder une phrase :

— Madame, j'espère que vous voudrez bien me dire ce qui me procure l'honneur de votre visite ?

—Ah !... vous ne le savez donc pas ! on ne vous a rien dit ?

— Je ne sais rien, madame.

— Voici la chose... Lecerf paie mes dettes et se consacre exclusivement à mon bonheur.

Un soupir déchirant sortit de la poitrine de Clémence et des larmes brillèrent dans ses yeux.

— J'ai peut-être commis une indiscrétion, ajouta l'actrice ; mais Lecerf m'a écrit qu'il n'y aurait au château personne de sa famille ; le pauvre garçon, vous le savez, a épousé une femme si laide! on dit que c'est un miracle de laideur. Lecerf est bien excusable...

Clémence poussa un cri lugubre et s'évanouit.

— Ah! mon Dieu! s'écria Augusta; je parie que c'est sa femme!... oui, je ne l'avais pas encore bien regardée... Il fait si noir dans ce salon!... Madame! Madame!... Holà, quelqu'un!... Où sont les domestiques?..... où sont les sonnettes?

Augusta courait à tous les coins du salon, en demandant du secours ; la porte s'ouvrit, et Lecerf entra.

En voyant ce tableau, le jeune homme comprit tout et se frappa le front.

— Mon Dieu ! madame, dit-il d'une voix folle, qu'êtes-vous venue faire ici ?

— Je vous trouve plaisant de me dire cela ! s'écria l'actrice ; je viens voir si vous êtes homme à tenir une parole donnée à une femme...

— Oui, oui, je la tiendrai, mais de grâce, éloignez vous, partez !

Et le jeune homme donnait à sa femme des sels à respirer, et lui prodiguait tous les secours exigés par son état.

— Savez-vous, monsieur, dit Augusta, qu'on ne m'a point habituée à ce ton d'arrogance ! Vous osez chasser une femme de chez vous ! Insolent ! Vous que j'ai vu à mes pieds, dans ma poussière, comme un reptile ! Vous vous redressez aujourd'hui pour me piquer au sein !

En ce moment, un colporteur entra dans le salon et dit :

— Bonjour, mesdames et messieurs, je vous apporte l'*Histoire de Cromwell*.

— C'est bien ! dit Lecerf sans quitter sa femme ; mets ton histoire sur cette table et va te promener dans la campagne.

— Ah ! mon Dieu ! dit Grégoire Mâchefer, voilà une femme qui se trouve mal ; jetez-lui de l'eau fraîche au visage. Ce n'est rien. Avez-vous besoin de moi ?

— Non, non, dit Lecerf... repasse demain, on te paiera, ou si tu l'aimes mieux, attends à la ferme.

Clémence reprenait ses sens, et sa pâleur cadavérique annonçait une commotion au-dessus des forces de la femme.

— Vous la voyez, dit Lecerf à Augusta, cette femme souffre ; au nom du ciel, retirez-vous !

— Cette femme souffre ! dit-il ! s'écria Augusta ; et moi ! moi ! suis-je sur des roses ! Croyez-vous que j'assiste avec joie à pareil spectacle, et que j'écoute avec délices les paroles insultantes que vous me lancez ! Et moi, je souffre aussi, monsieur ! Comme il connaît les femmes, ce malheureux ! Eh bien ! écoutez, Lecerf ; je vais vous apprendre à les connaître, les femmes comme moi ! Je ne vous ai jamais aimé, je ne vous aime pas, et pourtant, en vous voyant si dédaigneux pour moi, si empressé pour celle-ci, je suis jalouse, je sens brûler mes veines, je sens frissonner ma chair comme si je vous aimais ! Voilà des angoisses qui m'étaient inconnues. Non ! je n'aurais jamais cru qu'il fût possible d'endurer ces tortures pour un homme qu'on n'aime point !... Je ne sors pas, je m'empare de ce salon, de ce château. Voyons, monsieur, ayez le courage de votre insolence; portez la main sur moi, chassez-moi comme votre servante, appelez vos gens !

Clémence souleva la tête, et tendit le bras vers Augusta, comme pour l'apaiser, avec un geste plein de douceur.

Augusta était comme une lionne blessée au poitrail, qui regarde toujours, d'un œil fixe, le chasseur, et ne regarde que lui.

— Veux-tu donc sortir, toi ! cria-t-elle au colporteur qui s'obstinait à rester. Obéis, te dis-je.

Le colporteur fit un signe de mécontentement, et sortit du salon.

Lecerf s'approcha d'Augusta et lui dit d'une voix suppliante : Je vous donne la moitié de ma fortune, si vous sortez. Votre présence tue cette femme...

— Mais, s'écria l'actrice, me redirez-vous encore une fois cette sottise... toujours cette femme ! toujours cette femme !! et moi, moi ! toujours supprimée ! toujours supprimée ! moi, je n'existe pas ! je n'ai point de cœur, point d'âme, point de sang, point de fierté ! on me sacrifie impunément, et devant qui ! il y a des rivales qui honorent, mais...

— Taisez-vous ! taisez-vous ! interrompit Lecerf d'une voix stridente ; vous allez me pousser à quelque extrémité...

— Moi me taire! dit Augusta dans un accès de rire fou. Moi me taire ! C'est vous qui vous tairez... Monsieur, votre conduite est infâme et ne mérite de ma part aucune considération. J'avais au fond de l'âme un secret inviolable, et je le violerai, et je couvrirai votre visage de la pâleur du tombeau !

Lecerf regarda l'actrice d'un œil épouvanté.

Clémence regarda le plafond, et joignit ses mains, comme si elle faisait une prière mentale.

Augusta, dans une pose superbe, dominait cette scène ; elle avait ôté son chapeau, trop lourd sur une tête brûlante, et ses cheveux dénoués roulaient en boucles sur ses épaules. Sa beauté avait quelque chose d'infernal, comme celle d'un ange tombé.

— Monsieur, dit elle d'un ton d'ironie poignante, je ne suis pas dupe de votre conversion champêtre, moi : le loup ne se fait berger qu'avec de mauvaises intentions. Vous portez un costume qui, par votre position actuelle, n'est qu'un déguisement.

Clémence baissa la tête comme sous un coup de foudre ; Lecerf essaya d'être hardi, et prononça cette demande avec une assurance timide :

— Que voulez-vous dire? madame, je ne vous comprends pas.

— Vous allez trop me comprendre dans l'instant. Je ne suis dupe ni de votre conversion, ni de votre costume rustique, ni surtout de cet amour impossible que vous témoignez à votre femme. Votre femme a comme moi votre secret, et bientôt vous serez à mes pieds, comme vous l'êtes aux siens.

— Parlez, parlez, madame, dit Lecerf du même ton qui signifie : Taisez-vous.

— Monsieur, poursuivit Augusta, si vous ne connaissez pas les femmes, vous connaissez encore moins les hommes. Vous êtes tous des étourdis et des indiscrets, et vous donnez trop généreusement à notre sexe les défauts du vôtre. Il y a dans votre famille un jeune homme qui a prononcé tout bas devant moi quelque chose que je vais vous crier tout haut... Ce château renferme un complice de l'assassinat du malheureux Rousselin.

Le bras d'Augusta s'allongea sur Lecerf, et resta immobile comme celui d'une statue. Clémence s'attendait à cette révélation formidable, et elle ne changea pas d'attitude. Le jeune homme se révolta contre sa faiblesse, et dit d'une voix empreinte d'une dignité menteuse :

— Madame, il y a des calomnies qu'un honnête homme ne doit pas réfuter.

— Comme il déclame bien cette vieille maxime de criminel confondu ! dit l'actrice en riant; ah ! monsieur ! c'est une calomnie ! eh bien ! je vous invite à venir la démentir, ce soir, chez moi, devant votre cousin Maurice Aubigny.

A ce nom, Lecerf balbutia quelques paroles décousues, et ne parvint pas à composer une phrase.

— Maintenant, dit Augusta, vous êtes en mon pouvoir ; vous êtes sous mes pieds, et je sors, parce que je sais que vous me suivrez. Je laisse ici une chaîne de fer rivée à votre main ; vous ne vous appartenez plus, comme le chien ne s'appartient pas ; il est à son maître.

Augusta fit quelques pas vers la porte et dit à Lecerf :

— Monsieur, je veux vous porter le dernier coup, et celui-là vous expliquera les mystères de cette scène... Monsieur, ce matin encore, en entrant ici, je vous aimais.

Elle sortit, et vit sur la terrasse le colporteur qui avait l'air d'écouter les paroles dites dans l'intérieur du château.

XI.

HERMIONE ET ORESTE.

Augusta, comme beaucoup de femmes d'une certaine condition, se persuadait par intervalles qu'elle aimait passionnément un homme, ou qu'elle le détestait avec énergie : donc, à cette heure, où ses ennuis et son irritation après ses malheurs dramatiques, étaient au comble, elle se mit en tête qu'elle adorait Lecerf, et qu'il lui fallait une vengeance terrible, changeant ainsi subitement son amour en haine, deux mots du reste qui sont synonymes quelquefois.

En rentrant chez elle, Augusta trouvait toujours un ou deux adorateurs domestiques, davantage souvent. Il y a des femmes qui continuent Pénélope depuis trente siècles, mais qui ne font aucun ouvrage de tapisserie pour demander du temps à leurs amoureux. Augusta était sévère, comme Lucrèce, non par vertu, mais par calcul; elle attendait toujours quelque chose de mieux pour choisir un maître ou nn esclave, et ce mieux n'arrivant pas, elle jouait à la vertu.

Un poète charmant a dit :

Quelle femme n'oublie un jour de refuser ?

Augusta n'avait pas encore commis cet oubli. Les voisins, toujours grands jugeurs d'apparences, accablaient Augusta d'une liste infinie d'amants ; elle n'était encore entourée que d'importuns.

Ce jour-là elle aperçut, en ouvrant son salon, le jeune Édouard de Gentabrun, le héros du lansquenet. Édouard, selon l'usage des poursuivants d'Augusta, lorsqu'il se trouvait seul, recommença une éternelle déclaration d'amour, qui cette fois parut émouvoir un cœur toujours insensible jusqu'à ce jour.

Augusta quitta son chapeau et sa mantille, consulta son miroir sur l'état de ses cheveux et de son teint, et se trouva dans un désordre inusité, ce qui acheva de lui démontrer qu'elle était amoureuse de Lecerf au dernier degré.

Le théâtre, école des mœurs, a souvent donné de tristes leçons aux hommes et aux femmes, et surtout à ceux qui vivent sur les planches. La première idée qui se présente à l'esprit d'un artiste dramatique, a son origine dans le répertoire de la scène française. On ne craint jamais de s'égarer sur les traces des Grecs et des Romains, quand on joue les Grecs et les Romains à Paris. Nous allons voir une fatale application de cette théorie de coulisses.

Augusta comme toutes les actrices qui se destinent au drame, savait par cœur toutes les tragédies; elle chercha sa propre situation dans quelque tirade d'alexandrins, et elle la trouva. Les Grecs et les

Romains, habillés à la française, ont prévu tous les cas de haine et d'amour.

Or, pendant qu'Édouard de Gentabrun, prosterné respectueusement aux pieds d'Augusta, déclamait en prose des tirades de Pyrrhus, l'actrice le releva par un geste noble et lui dit :

— M'aimez-vous ?

— Si je vous aime !... s'écria Édouard en joignant dévotement ses mains. Demandez à la fleur si elle aime la rosée, au gazon s'il aime le ruisseau, à l'aigle s'il aime l'espace, à l'étoile si elle aime le ciel, à...

— Assez ! assez ! interrompit Augusta, j'ai lu ce que vous dites dans cinquante feuilletons. Je vous demande si je puis compter sur votre amour ?

— Comme sur ma vie, belle Augusta.

— Vous êtes prêt à tout faire pour moi?

— Commandez l'impossible, et je le ferai.

— J'exige moins ; j'exige le possible.

— Tant pis ! Augusta, vous m'en saurez moins de gré.

— Prenez garde, Édouard, vous allez reculer.

— Voilà l'impossible. J'avancerai.

— Eh bien ! monsieur, nous allons voir... Vous connaissez cet imbécile de Lecerf?

— Le cousin de ce petit Maurice à qui j'ai gagné quinze cents louis?

— Gagné ou non, n'importe ! il ne s'agit pas de cela...

— Au contraire, madame ; c'est un homme que j'abhore, et qui m'a joué le plus abominable de tous les tours.

— En vous laissant quinze cents louis à son cousin ?

— Non, en me les reprenant par une autre main, j'ai découvert tout cela.

— Ah ! il vous les a repris ! eh bien ! tant mieux ! voici une belle ocasion de vous venger... Prenez une plume et une feuille de papier, là sur ce guéridon, et écrivez-lui le billet doux que je vais vous dicter.

— Tout ce que vous voudrez, Augusta.

— Si vous hésitez sur un seul mot, je vous arrache la plume, et vous descendrez mon escalier pour la dernière fois.

— Je le monterai toute ma vie.

— Êtes-vous prêt ?

— Des deux mains.

— Une suffit ; écrivez.

— Dictez, Augusta.

— Voici... « Monsieur... vous avez une

» satisfaction d'honneur à me rendre, et si
» vous me la refusez, je publierai partout
» les plus épouvantables secrets. » Soulignez ces derniers mots.

— Ils sont soulignés, mais je ne comprends pas bien, Augusta...

— Il ne faut pas que vous compreniez.

— Et s'il me demande quelle espèce d'épouvantables secrets?

— Il ne vous demandera rien ; soyez tranquille... écrivez... « J'ai trois jour-
» naux à ma disposition, et votre histoire
» fera du bruit...

— Quelle histoire, Augusta ?

— Mon Dieu ! que vous importe ! il y a une histoire, cela suffit... Quand vous rencontrerez Lecerf, vous le regarderez avec les yeux d'un homme qui connaît une histoire secrète, et il ne vous demandera rien.

— Bon! je le regarderai avec ces yeux-là.

— Mais si vous m'interrompez toujours, nous ne finirons jamais...

— Je n'interromprai plus.

— Écrivez :

« Évitez, monsieur, cette cruelle puni-
»tion, et trouvez-vous demain matin à
»huit heures derrière la tourrelle, à Saint-
»Mandé, avec deux témoins muets, qui
»n'auront aucune explication à demander
»et à recevoir. Mes armes sont... »

— Quelles sont vos armes, Édouard?

— L'épée et le pistolet.

— « Sont l'épée et le pistolet, et ce se-
»ront les vôtres... » Signez, maintenant ;
Édouard de Gentabrun.

— C'est signé.

— Pliez, cachetez, et mettez l'adresse...
A monsieur Lecerf, au château de madame Aubigny, à Bougival.

— Tout est prêt.

— Vous n'avez aucune observation à me faire ?

— Oui, madame, une seule.

— Faites.

— Ceci a éclairci un de mes doutes...

— Lequel, monsieur ?

— Vous aimez Lecerf ?

— Comment ! vous en doutiez ! Est-ce que je voudrais sa mort, si je ne l'aimais pas ?

— Cela me rappelle la tragédie d'*Andromaque.*

— La tragédie a raison. Oreste est chargé de tuer Pyrrhus ; le duel n'était pas inventé à cette époque. Ce que nous faisons, nous, est plus conforme à nos mœurs.

— Pardon, belle Augusta, encore une observation.

— Oui, mais que ce soit la dernière.

— Vous savez ce qui arriva au pauvre Oreste?

— Je le sais, il fut très-mal reçu avec un *Qui te l'a dit?* que mademoiselle Rachel dit très-bien.

— Eh bien! Augusta, je redoute ce *qui te l'a dit?*

— C'est que je le dis très-bien, moi aussi; on me le fit répéter à Chantereine... *qui te l'a dit?* j'ai joué Hermione trois fois. Le ministre m'avait fait accorder trois débuts aux Français, mais mademoiselle Rachel a dit que si je jouais Hermione, elle donnerait sa démision. On a reculé. Quelques jours après, il y eut une crise ministérielle, comme il y en a toujours ; mon protecteur tomba et fut remplacé par un ministre très-vieux qui ne s'occupait pas pas du tout des Hermiones. Alors je débutai à Chantereine, ce qui me coûta deux cent quarante francs... Mais à quoi donc perdons-nous nos paroles ! Voyons, hâtons-nous ; prenez et payez bien un commissionnaire agile, et envoyez-le à Bougival tout de suite.

— Je cours exécuter vos ordres, belle Augusta, et au retour...

— Au retour, il n'y aura pas de *qui te l'a dit?* je vous le promets... Avez-vous mis votre adresse après votre signature ?

— Oui, Augusta, parce qu'il faut toujours prévoir le cas où le rendez-vous à Saint-Mandé serait impossible demain.

— C'est juste. Comportez-vous bien, Édouard, et pour corriger Hermione, je vous dirai avec Chimène :

Sors vainqueur d'un combat dont Chimène est le prix.

— Ah! j'aime mieux ce vers, dit Édouard aux pieds d'Augusta.

— Édouard, poursuivit Augusta, voyez si ma vengeance est juste : cet homme, cet infâme Lecerf m'a insultée, m'a mise sous ses pieds, m'a foulée comme une chose vile, et tout cela pour une femme ! Oh ! quelle femme !

Augusta se livra aux accès d'un rire furieux et ajouta :

— Non ! il n'est pas permis, même à un député, d'être laid comme cette madame Lecerf ! C'est l'antipode de la Vénus de Médicis. Elle a été exilée de Paris pour crime de laideur. Et c'est pour cette horreur de femme que Lecerf m'a couverte d'humiliation ! Allez, Édouard, allez, et vengez-moi en chevalier !

Édouard exécuta les ordres d'Augusta, et la lettre fut portée à Bougival.

Madame Lecerf, qui avait de si justes motifs de crainte, puisqu'elle connaissait la fatale position de son mari, ne cessait de tenir les yeux fixés sur la grille du parc, comme la plus vigilante des sentinelles, et toutes les fois qu'elle voyait cette grille s'ouvrir, un frisson d'épouvante courait sur son corps, elle voyait son mari tombant au pouvoir de la justice pour un crime odieux, comparaissant devant un tribunal inexorable, condamné au bagne ou à la mort, et cet affreux tableau, toujours présent à sa pensée, brûlait le sang de cette pauvre femme, qui ne trouvait autour d'elle aucune consolation.

Un de ces facteurs marrons, qui apportent si nonchalamment des lettres *pressées*, parut à la grille, sa missive à la main, cherchant un portier à qui parler. Clémence eut un de ces pressentiments qui naissent dans le cœur de toutes les femmes et ne les trompent jamais ; elle vit un péril dans cette lettre dérobée à la poste, et courut arrêter le facteur, au milieu de l'allée, avant qu'il se montrât aux gens du château.

Lecerf, toujours en costume de campagnard, était à la ferme, toujours prêt à se dérober à une poursuite, au moindre signal convenu.

Clémence paya largement le commissionnaire déjà payé, et tremblante comme si elle eût commis une mauvaise action, elle brisa la cire de la lettre et lut la lettre d'Édouard.

L'idée de communiquer à Lecerf une lettre pareille ne vint pas même à l'esprit de Clémence, il fallait trouver un expédient, mais lequel ?

Dans les premières minutes, Clémence était trop émue pour s'arrêter à une détermination raisonnable; elle ne découvrait rien d'admissible, et sa tête, pleine de bruit, semblait se détacher du corps et refuser une pensée de salut.

Enfin, dans une éclaircie de calme, la malheureuse femme crut entrevoir quelque chose qui ressemblait à un expédient. Elle trouva un prétexte plausible pour se rendre à Paris, demanda sa voiture, et vint rendre une visite à ses parents du quartier des Bourdonnais, espérant y rencontrer Maurice Aubigny, son cousin.

Comme elle arrivait, Maurice achevait une toilette brillante pour se rendre chez mademoiselle Augusta. Clémence le pria de l'écouter un moment, et alors la femme supérieure se révéla dans cette pauvre recluse du manoir de Bougival.

— Mon cousin, dit-elle, avec cette voix douce qui était une mélodie de syllabes, vous avez commis une grave imprudence, et je viens vous offrir une occasion de la réparer.

— Quelle imprudence ? demanda le jeune homme avec l'air d'un coupable ou d'un étourdi.

— Vous avez dit à l'oreille d'une femme ce qui était l'inviolable secret d'une famille.

— Moi ! dit Maurice, effrayé de la douceur de madame Lecerf.

— Vous-même, mon cher cousin.

Et alors Clémence raconta, dans tous ses détails, la scène d'Augusta au château de Bougival.

Maurice était atterré ; ses yeux n'osaient plus regarder son accusatrice.

— Au reste, ajouta Clémence, si l'expérience des choses de ce monde me manque, j'ai l'expérience de l'histoire ; vous avez fait ce que bien d'autres et de bien plus grands que vous ont fait avant vous. Il y a des heures de conversation épuisée, où les hommes n'ayant plus rien à dire se trahiraient eux-mêmes devant une femme, s'ils n'avaient pas le prochain à trahir. Je vous citerai cent noms historiques à l'appui de mon raisonnement, et non pas pour vous accuser, mais pour vous justifier. Ne vous croyez pas trop coupable ; je suis bien sûre qu'en parlant de ce que vous deviez taire, vous étiez vous-même votre plus sévère accusateur.

— Cela est vrai, dit Maurice, que dominait la parole juste d'une femme.

— Eh bien ! Maurice, poursuivit madame Lecerf, vous pouvez encore réparer tout cela...

— Dites, ma cousine, parlez ; je suis prêt à tout.

— Lisez cette lettre de M. Édouard de Gentabrun.

Maurice lut la lettre et s'écria :

— Cette Circé d'Augusta ! elle a donc tout dit ; elle a tout révélé !

— Mais cela vous étonne, Maurice ! pourquoi voulez-vous qu'une femme, étrangère à notre famille, soit plus discrète que votre bouche ? Ne soyez pas si exigeant. Vous faites promettre à une femme de se taire ; elle parle, et vous vous indignez ! on vous avait recommandé le même silence, à vous, et.....

— Oh ! de grâce, Clémence, interrompit Maurice vivement, ne m'accablez pas ! Le mal est fait, voyons le remède.

— Vous irez demain à Saint-Mandé.

— Sans doute, Clémence ; j'irai, l'idée est excellente. Cet Édouard de Gentabrun est pour moi de toute façon un ennemi intime ; j'ai contre lui d'énormes griefs, et je suis ravi du hasard qui va me mettre en face de lui. Je ne l'ai plus rencontré chez mademoiselle Augusta, parce que je voulais avoir l'air de tenir la promesse imprudente que j'avais faite de ne plus reparaître dans le salon de cette femme ; mais je puis le rencontrer avec délices partout ailleurs, surtout l'épée à la main. Il me doit une revanche de lansquenet : mais comme je connais mieux les armes que les cartes, sa partie ne sera pas belle cette fois.

— Mais vous ne m'avez pas compris, dit Clémence ; pouvez-vous supposer que je vous engage dans un duel et que je veuille exposer votre vie ? Seulement, je compte sur votre courage, sur votre fermeté, pour donner à cette affaire une solution heureuse. Tous ces héros de tripot clandestin ne sont pas à leur aise devant des jeunes gens comme vous, mon cher cousin. Quand ce monsieur de Gentabrun se trouvera en face d'un brave et honnête marin, il fera de salutaires réflexions, et vous lui fermerez la bouche, non pas avec une épée, mais avec un mot.

— Ma cousine, dit Maurice en se levant, voici ma famille qui arrive pour vous voir; nous en avons assez dit ; comptez sur ma prudence et mon énergie. N'ayez aucune crainte; il n'y a dans cette affaire de mauvaise chance que pour ce valet de carreau, cet Hector du lansquenet, qui n'est pas un Achille... A demain.

— Je vous attends au château, dit Clémence, en serrant la main de Maurice.

XII.

RETOUR D'ORESTE.

Maurice Aubigny écrivit tout de suite à Édouard de Gentabrun le billet suivant :

« Avant de partir pour Saint-Mandé,
»M. Édouard de Gentabrun est prié de se
» rendre ce soir au passage de l'Opéra, ga-

» lerie de l'horloge, à dix heures du soir,
» pour régler certaines conditions. »

Ce billet n'apportant avec lui aucune idée d'embûche et de péril, puisque le lieu du rendez-vous était le plus fréquenté de Paris, Édouard s'y rendit à l'heure indiquée, et fut abordé par un jeune homme d'une mise élégante, mais sévère, qu'il reconnut du premier coup d'œil : c'était Maurice Aubigny.

Maurice salua Édouard avec cette politesse impolie qu'on affecte envers un homme méprisé; la pose de sa tête, le ton de sa voix, l'expression de son regard, le jeu pincé de ses lèvres, le frétillement de ses narines, tout chez lui indiquait une attaque sérieuse et préméditée contre un ennemi.

— Pardon, monsieur, dit-il, si je vous cause quelque surprise ; ce n'est pas ma faute. Nous avons ensemble un ancien compte à régler, mais pas à l'amiable, au contraire.

— Il me semble, monsieur, dit Édouard, que le lieu est mal choisi pour...

— Soyez tranquille, interrompit Maurice ; nous allons nous mettre en lieu sûr pour causer ; car il faut causer avant tout.

Ces paroles étaient dites avec un ton sec et tranchant que les jeunes marins savent si bien prendre dans l'occasion devant un ennemi.

Édouard suivit Maurice jusqu'au boulevard ; ce dernier ouvrit la portière d'une voiture stationnée devant le passage ; ils y montèrent tous deux et le cocher, averti déjà, prit le milieu de la chaussée, et poussa ses chevaux vers le boulevard Montmartre.

— Monsieur, dit Maurice, vous avez un secret de famille, c'est-à-dire que vous avez dans le cœur le germe d'une maladie mortelle. Vous ne pouvez plus vivre avec ce secret.

— Vous êtes dans la plus grande erreur possible, monsieur, dit Édouard; je n'ai point de secret.

— Vous mentez, monsieur!

— Voilà un mot, dit Édouard, qui tranche tout de suite notre discussion. Je ne dis plus rien après un démenti; je me bats.

— Vous ne vous battez pas, dit Maurice; je connais les gens de votre espèce, et je vais vous le prouver dans un instant.

— Monsieur, je n'ajouterai pas un mot de plus, dit Édouard en payant d'audace ; faites arrêter la voiture, et donnez-moi un rendez-vous. Un démenti ne se lave qu'avec du sang entre gentilshommes.

— La voiture marchera, dit Maurice, et vous serez satisfait.

La voiture suivit le boulevard jusqu'au faubourg Saint-Martin, qu'elle monta presque à la hauteur de La Villette, puis elle prit une petite rue à droite, et entra dans le désert qui conduit à Montfaucon. Là, on ne trouve que des terrains désolés, des ravins profonds, des tertres d'argile, des ruines anonymes, des huttes de terrassiers, des monticules couverts de hautes herbes; on ne se douterait jamais, en traversant cette zône inconnue, qu'on est sur la lisière de Paris, et aux portes de la civilisation. A coup sûr, on trouve des terrains analogues dans le voisinage du cap de Horn, sur les rives de la Nouvelle-Zélande et sur les bruyères désolées du Van-Diémen. Paris ne visite jamais ce domaine du néant qui est à ses barrières ; parfois, dans les dimanches d'été, quelques familles aventureuses du faubourg Saint-Martin se hasardent dans ce désert, à l'extrémité duquel on trouve l'oasis de Romainville, avec ses jardins de lilas.

La voiture s'arrêta, et Maurice dit à Édouard :

— Vous comprenez, monsieur, que, dans une affaire comme la nôtre, il ne peut y avoir qu'un duel sans témoins.

Nous avons, vous et moi, un secret de famille, un secret terrible à garder...

— Mais, monsieur, interrompit Édouard, j'ai l'honneur de vous redire que je ne connais aucun secret...

— Monsieur, dit sévèrement Maurice, j'ai lu votre lettre, et c'est vous-même qui parlez de ce secret...

— Oui, mais je ne le connais pas.

— Allons donc ! monsieur, pour qui me prenez-vous? point de mauvaise défaite... voilà, dans la poche de cette voiture, à votre droite, deux pistolets chargés. Je vous laisse le choix. Prenez celui des deux que vous voudrez ; je prendrai l'autre, c'est ainsi qu'on se bat quand il y a un secret au fond d'un duel.

— Monsieur, s'écria Édouard, je vous répète encore...

— Taisez-vous et marchez, dit Maurice d'un ton impérieux.

— Mais, monsieur, dit Édouard, cette affaire ne vous regarde pas; mon cartel s'adressait à M. Lecerf.

— Monsieur, je veux bien encore vous apprendre que mon cousin Lecerf est mort...

— Il est mort !

— Oui, monsieur, Lecerf est mort hier soir, et voilà pourquoi je suis ici. Au reste, monsieur, oubliez-vous que je vous ai donné un démenti pour vous économiser un soufflet ? Cela doit vous suffire, il me semble, pour une réparation... Choisissez votre arme, monsieur, et descendez.

Édouard prit un pistolet de fort mauvaise grâce et descendit ; Maurice le suivit immédiatement et passa son bras sous le sien.

Les deux jeunes gens arrivèrent dans un chemin creux, que domine une assez grande maison de bois, isolée et déserte, assez semblable à ces huttes lézardées que les baleiniers construisent pour une saison, sur les rivages polaires. La nuit était sombre, et l'horizon céleste montrait vers le couchant une teinte pâle d'incendie ; le firmament réfléchissait sur ce point les lumières de l'immense ville ; tout le reste avait un aspect ténébreux.

— Monsieur, dit Maurice, cet endroit est charmant ; il serait difficile de rencontrer un terrain plus convenable. Je vous laisse encore le choix de ces deux armes ; si vous vous méfiez de la vôtre, prenez la mienne. Un marin ne commet jamais une lâcheté, même envers les lâches; cependant il vous est permis de vous méfier, et je vous cède mon arme, si vous avez le moindre regret de votre choix.

— J'ai choisi, dit Édouard d'une voix sombre.

— C'est que, poursuivit Maurice, ce choix est fort important; l'une de ces armes est chargée, l'autre ne l'est pas. Nous allons nous appliquer le bout de chaque canon sur nos poitrines; deux détentes seront pressées en même temps; l'un de nous deux tombera raide mort, et je suis sûr que ce ne sera pas moi.

— Ah! vous êtes sûr! dit Édouard en s'efforçant de sourire.

— Très-sûr, continua Maurice; c'est une idée infaillible. J'ai fait deux naufrages; j'ai passé dans les flammes de trois incendies; je me suis brisé contre un écueil sur les côtes de l'Afrique; j'ai vu St-Jean d'Ulloa, Tanger et Mogador, et Dieu ne m'a pas sauvé à travers tant de périls, pour me faire tomber ici, dans les souricières antiques de Montfaucon, sous la balle d'un Hector de lansquenet.

— C'est ce que nous verrons, dit Édouard.

— C'est comme si je l'avais vu, reprit Maurice... Voulez-vous bien commander le feu? Je n'y tiens pas, moi. Mettons-nous en place de brûle-pourpoint.

Les ténèbres cachaient la livide pâleur du visage d'Édouard; mais rien ne pouvait cacher le trouble de sa parole. A ce moment suprême, son énergie factice l'abandonna; sa main, abandonnée par le sang, s'ouvrit de faiblesse et laissa tomber l'arme :

— Je ne me bats pas de cette manière, dit-il d'un ton agonisant.

— Monsieur, dit Maurice d'une voix ferme, je vous connais, et je sais que vous ne vous battrez d'aucune manière. Voulez-vous que je vous le prouve encore par excès de complaisance ? Je vais vous le prouver... Nous allons remonter en voiture, et nous nous promènerons toute la nuit sur la route de Vincennes. Au lever du soleil, nous irons nous promener dans le bois, où nous rencontrerons infailliblement des artilleurs de la garnison. Ceux-là ne refuseront jamais de servir de témoins, et ils ne sont pas curieux de connaître les causes d'un duel. Pourvu qu'on se batte, cela leur suffit. Ils n'en demandent pas davantage. C'est un amusement d'artilleur en promenade. Eh bien ! monsieur, acceptez-vous cette autre manière qui concilie tout ?

Édouard inclina la tête et ne répondit pas, l'ascendant de Maurice paralysait ce jeune homme qui, devant tout autre, aurait montré peut-être le courage vulgaire du duel.

— Il faut pourtant que cela se termine, dit Maurice ; il me faut une conclusion.

— Monsieur Aubigny, dit Édouard d'une voix faible, j'accepte tout, excepté le combat.

— Il est évident, monsieur, dit Maurice, avec un accent railleur, qu'il faut être au moins deux pour se battre, et que si vous refusez, je suis bien obligé de vous laisser vivre, car mon honneur me défend de vous assassiner... Tenez, monsieur, je vais vous parler franchement... J'avais prévu tout cela. Votre conduite ne m'étonne point ; aussi j'avais préparé un autre dénoûment plus avantageux pour vous.

— Je l'accepte, quel qu'il soit, dit Édouard résigné.

— C'est à coup sûr pour le compte d'une autre personne que vous avez envoyé un cartel à ce pauvre Lecerf?

— Oui, répondit Édouard d'un air abattu.

— Je ne veux pas savoir quelle est cette personne, mais je la soupçonne : voici mes conditions, et si vous les suivez, je vous laisserai tranquillement vivre dans les tripots clandestins, sans porter la moindre plainte contre vous : que m'importe après tout votre conduite? La police de Paris ne me regarde pas. Demain, vous reverrez la personne qui vous a lâché contre ce pauvre Lecerf, et vous lui direz que vous êtes sorti victorieux de ce duel, et que votre adversaire a été tué sur le coup... Cela vous arrange-t-il?

— Je suis prêt à faire tout ce que vous exigerez, répondit Édouard en s'inclinant.

— Puisque vous m'affirmez qu'il est mort, dit Édouard, je vous crois, et je ferai tout ce que vous attendez de moi.

— Prenez garde! dit Maurice ; j'aurai mon œil sur vous, et mon oreille à côté de vous.

— Vous exigez de moi, dit Édouard, une chose si aisée, qu'il y aurait folie de ma part à vous mécontenter.

— C'est bon, reprit le jeune marin ; désirez ne plus me revoir.

Maurice salua Édouard d'un mouvement de tête dédaigneux, et le laissa seul.

Édouard passa la nuit dans ce désert, et, comme il faisait fort peu de cas de son bonheur en matière de duel, il s'applaudit de la favorable tournure que cette affaire avait prise et s'estima surtout très-heureux de subir une combinaison qui était si bien dans l'intérêt de son amour.

— Cet imbécile de Maurice! se disait-il en lui-même, il ne sait pas le service qu'il me rend en m'imposant une pareille démarche ! Quel ami m'aurait mieux servi que cet ennemi ?

Le lendemain, avant midi, Édouard se présentait devant Augusta, qu'il trouva fort pâle et fort négligée dans sa toilette ; l'insomnie et l'inquiétude étaient peintes sur son visage et dans ses beaux yeux. En voyant Édouard entrer chez elle, sa bouche s'ouvrit pour une interrogation, et la parole expira sur ses lèvres...

— C'est fini, dit Édouard en lui baisant la main.

— Fini ! et comment ? demanda Hermione-Augusta d'une voix émue.

— Fini, comme vous le désiriez.

— Voyons ! soyez plus clair, monsieur...

— Eh bien ! Augusta, vous n'aviez dans le monde qu'un ennemi..., et vous n'en avez plus.

— Vous avez tué Lecerf ?

— Il est mort, madame.

Augusta se laissa tomber sur un fauteuil, arracha le bonnet qui couvrait ses papillotes et le foula aux pieds.

Éouard fut changé en statue comme la femme de Loth.

— Il l'a tué ! il l'a tué ! s'écria la jeune femme avec une voix de cinquième acte, et avec quel sang-froid ce misérable m'annonce cette horrible nouvelle ! il l'a tué !... Qu'on dise ensuite que le Ciel est juste ! Voilà un jeune homme plein de vices et de défauts ; un fat, un ignorant, un fléau de société, un monsieur Édouard de Gentabrun qui échappe aux balles et aux pointes d'épées ! Il a deux anges gardiens qui le protégent, lui ! Et ce jeune et beau Lecerf, charmant, généreux, spirituel, instruit, brave, plein de bonté, d'amour, de tendresse, il tombe sous l'arme de ce spadassin !

Une irritation violente anima la statue d'Édouard.

— Mais, madame, dit-il, me permettez-vous de vous rappeler la conversation que nous avons eue ensemble?...

— Je ne vous permets rien, interrompit Augusta d'un ton de reine ; rien, entendez-vous, monsieur!... Malheureux Lecerf! comme il était bon et touchant, l'autre jour, auprès de sa femme !... Et quelle femme ! oh ! comme une pareille scène domestique révèle toute la noble générosité du cœur d'un homme ! et moi, moi, qu'étais-je venue faire là, dans ce château?... Comme elle a dû souffrir cette pauvre femme, en me croyant la maîtresse de son mari! et lui, lui, qu'il a été convenable et généreux! et il m'aimait! oh! j'en suis sûre, il m'aimait! et il a eu le rare courage de me sacrifier à sa femme, dans ce moment, parce que cette femme était laide, isolée, raillée, avilie par le monde, et que moi je puis reparaître partout triomphante, avec ma jeunesse, mon esprit et ma beauté ! Oui, ce jour-là, cet homme a fait une chose sublime, et que les femmes seules peuvent comprendre ! Il a chassé de chez lui la femme qu'il aimait, pour rendre la vie à celle qu'il n'aimait pas !

— Madame ! madame ! s'écria Édouard en arrachant ses cheveux, au nom du Ciel, revenez à vous ; écoutez-moi ; voilà encore sur ce guéridon les traces de l'encre qui a écrit un cartel dicté par vous !

— Vous mentez, monsieur ! cria Augusta d'une voix de Pythonisse ; vous avez pris au sérieux la plaisanterie d'une femme ennuyée ; vous êtes stupide ; vous ne connaissez pas le monde ; vous ne savez rien... Oh! sortez, sortez, monsieur, vous me faites horreur!

— Madame, je ne sortirai pas d'ici sans m'être justifié.

— Et quelle justification pouvez-vous me donner, monsieur? Je n'en pourrai accepter qu'une. Dites-moi que vous avez menti; dites-moi que vous n'avez pas tué cet homme!

Édouard hésita un moment, mais le terrible visage de Maurice passa devant ses yeux, et il lui fut impossible de dire autre chose que cette phrase :

— Madame, je n'ai malheureusement point menti, il est tué!

— Le misérable! il se complaît dans ces trois mots! comme il les prononce avec fatuité! belle victoire, vraiment! Si ce pauvre Lecerf eût passé dans les salles d'armes et les tirs toutes les heures qu'il a employées à s'instruire, vous ne vous seriez pas défait de lui aussi aisément... Comment trouvez-vous ces spadassins ! ils n'apprennent qu'une seule chose dans leur vie, et avec cette chose ils tuent tous ceux qui ne la savent pas ! c'est la matière qui tue l'esprit !... Sortez, monsieur, sortez, vous dis-je, et ne reparaissez plus devant moi !

— Madame, dit Édouard, demain vous serez plus calme, et j'espère...

— N'espérez rien, monsieur, que mon oubli ; c'est ce que vous devez attendre de mieux.

— Un seul mot, madame, un seul...

Augusta se leva, et prenant une pose superbe, elle étendit horizontalement son son bras droit, et montra la porte à Édouard.

Le jeune homme s'inclina comme le roseau sous le vent, et frappant du pied le parquet, il sortit.

XIII.

A L'ARSENAL DE TOULON.

Pendant qu'au châtecu de Bougival toutes les mesures les plus intelligentes étaient prises pour dérober Lecerf à des poursuites inévitables, car la délation, ou pour mieux dire l'indiscrétion, menaçait évidemment l'asile où se réfugiait ce jeune homme, une nouvelle vie ou une mort vivante commençait pour le condamné Benoît ; la chaîne du forçat était rivée à son pied. La conduite qu'il avait tenue à la cour d'assises, le silence qu'il avait gardé sur Lecerf, l'obstination qu'il avait mise à ne pas se défendre ou à choisir un défenseur, tout n'était encore que mystère ; tout devait se révéler un jour. Mais dès à présent on peut affirmer que ce n'était point par dévouement d'amitié qu'il avait assumé sur lui seul la vengeance des lois en mettant Lecerf hors de procès.

Encore à une époque très-rapprochée de nous, plusieurs fois dans l'année, mais à époques fixes, partait des prisons de Bicêtre la *chaîne*, c'est-à-dire le convoi des condamnés destinés à peupler les bagnes et les prisons centrales. Sur la route, chaque maison de détention fournissait ses recrues. Aujourd'hui la voiture cellulaire a remplacé le transfèrement à la chaîne, mais à l'époque où se passent les faits que nous racontons, l'on n'avait pas encore adopté le mode nouveau, et la chiourme de Toulon attendait une de ses caravanes pour l'installer dans son magnifique arsenal, qui ressemble bien plus à un splendide palais de la mer, qu'à l'hôtellerie des forçats.

Quand la chaîne arriva, Toulon était dans son état ordinaire. La ville, somnolente aux heures de la sieste, attendait que la brise marine se levât, et répandît quelque fraîcheur dans l'atmosphère embrasée, pour reprendre avec une activité nouvelle ses travaux commencés ; le soleil provençal jetait sur la ville, sur la mer, sur la campagne, ses gerbes éblouissantes de lumière et de feux; la cigale insouciante bruissait dans les pins, et sur la montagne rocheuse s'épanouissaient les fleurs du câprier, de l'immortelle et du genêt d'or. La chaîne traversa la ville presque déserte et arriva à la porte de l'arsenal, formidablement gardée par tout un bataillon sans cesse en alerte et dont les armes sont chargées nuit et jour.

Les condamnés qui composaient le convoi n'étaient pas de ceux qui peuvent nous intéresser. Il en est un toutefois que nous excepterons, l'avocat Benoît, qui vient expier à Toulon le crime de Rousselin à Saint-Mandé.

Benoît ne porta point au bagne une de ces figures que les peintres et les poètes prêtent si volontiers à ceux qui habitent cet enfer terrestre. Pour lui, sur la porte, le mot de Dante eût été vide de sens. Il apportait aux galères toutes ses espérances, tous ses désirs, et, malgré son habileté, sa figure parfois trahissait la pensée intérieure. Quelques jours lui suffirent pour s'acclimater et se reconnaître. Il errait dans l'immense arsenal, traînant sa chaîne avec cette liberté qu'on ne rencontre qu'à Toulon. Il cherchait parmi ses six mille compagnons celui avec lequel il lierait assez ample connaissance pour pouvoir prendre à l'aise tous les renseignements dont il avait besoin.

Le hasard qui sait quelquefois se mettre à notre service quand nous avons besoin de lui, lui vint intelligemment en aide. Derrière de grosses piles de bois qui lui formaient une ombre favorable, Benoît rencontra un homme à la figure douce et fleurie, ayant un embonpoint marqué et portant des besicles d'argent. La tête de cet homme était on ne peut plus honnête. Il était occupé à écrire. Mais quand Benoît s'approcha de lui, il suspendit son travail et salua le nouveau venu.

— Vous cherchez un peu d'ombre par ici?... Vous avez raison ; c'est l'endroit le plus favorable ; il n'y en a pas beaucoup à l'arsenal, mais ici il y en a toujours un peu, et l'on partage.

— Je ne cherchais pas l'ombre, répondit Benoît, je me promenais.

— Oui, mais après la promenade, vous vous seriez reposé, et alors vous auriez été bien aise de trouver un peu d'ombre.

Vous l'avez trouvée sans la chercher ; c'est un bonheur : profitez-en pour vous reposer.

— Je veux bien. On vous permet donc d'écrire ici ?

— Oui, avec une permission. Moi, je ne pourrais pas vivre sans cela. Quand on a été notaire, voyez-vous...

— Ah ! vous avez été notaire ?

— Oui, notaire royal.

— En effet, vous avez bien l'air d'un notaire. Moi, j'ai failli être avocat.

— Alors nous sommes presque de la même famille.

— Tous les deux gens de loi.

— C'est cela.

— Mais pardon, vous me disiez que vous ne pouviez pas vivre sans écrire.

— Oui, il me faut griffonner du papier

et du papier timbré. Je suis ici pour en avoir trop griffonné.

— Comment, trop ?

— J'ai fait des faux.

— Plusieurs ?

— Oui ; chaque soir après ma promenade au cours, sur le port et dans la rue de la Cannebière...

— C'est donc à Marseille que vous étiez notaire ?

— A Marseille. Après cette promenade, je rentrais dans mon étude. Je n'avais ni femme, ni maîtresse ; je n'allais ni au théâtre ni dans les fêtes ; j'étais toujours rentré avant neuf heures, et alors je me livrais à ma seule passion, je barbouillais du papier timbré.

— Et combien avez-vous fait de faux ?

— J'en ai fait trois cent quarante-trois.

— Diable! s'écria Benoît malgré lui, et en faisant un mouvement en arrière.

— Que voulez-vous? c'était une passion. Tant qu'il y avait des minutes à libeller, je ne faisais que des actes réguliers. Mais après... Une fois, il s'agissait d'une succession, j'ai dépensé pour 4,000 francs de papier timbré à 75 c. la feuille. Il est vrai que le client me l'a payé. Mais tout ce papier était inutile. J'en ai chauffé mon poêle pendant trois hivers.

— Alors, dit Benoît, qui avait rappelé ses souvenirs, vous êtes donc le fameux Arnault de Fabre?

— Oui, je suis Arnault de Fabre. Mais vous m'appelez fameux, vous êtes bien bon. J'ai satisfait une passion, voilà tout. Les autres m'ont trouvé criminel; mais un iour j'espère bien qu'on reconnaîtra que je suis innocent. Est-ce que tous les hommes ne satisfont pas leurs passions ?

— Et vous vous trouvez bien ici, à ce qu'il paraît?

— Je n'ai pas à me plaindre : l'ordinaire de la communauté est bon. Il m'est très-facile de me bien conduire. Je fais tout ce qu'on me prescrit. Aussi ai-je de très-bonnes notes. Avec les camarades, je suis serviable autant que possible. Je fais leurs pétitions au ministre de la justice, au roi, à la reine. J'ai l'habitude de ces choses, et une fort belle main. Tenez, regardez. Et puis comme il faut que la pétition soit sur papier timbré, cela flatte mes vieux goûts. Je leur rends service et ils me font plaisir. Il est vrai qu'ils ne s'en doutent guère.

— Comment. Que voulez-vous dire ?

— Voici. A l'arsenal, voyez-vous, on est très-tolérant, mais seulement pour les choses vulgaires. Ici vous ne trouverez pas un seul criminel ; interrogez-les, ils sont tous innocents. Quand je suis arrivé, avec mes trois cent quarante-trois faux, ils m'ont tous proclamé roi du bagne. Il est vrai qu'on a vu de tout temps des assassins et des voleurs, et que pour se distinguer il fallait inventer quelque chose de neuf. Moi, je n'ai fait que suivre une passion ; mais la communauté ne le croit pas et me regarde comme le plus grand des criminels.

Arnault de Fabre dit ces paroles avec une voix douce et flûtée et un accent parfait de bonhomie. Mais il n'était pas aisé de tromper l'œil de Benoît. Il vit percer sous cette bonhomie d'emprunt la finesse, l'orgueil instinctif et la joie intérieure que ressentait l'ex-notaire de cette royauté du crime. Il reprit la conversation :

— De telle sorte que vous voilà constitué secrétaire de la communauté ?

— Non, non, pétitionneur-général ; je n'aime à travailler que sur le papier timbré, et je fais le moins de lettres que je puis.

— Et n'espérez-vous pas sortir un jour ?

— Pourquoi ne pas espérer ? Tout le monde espère ici. D'abord, il y a plusieurs manières de sortir.

— Ah ! voyons.

— La première, celle qui est à la portée de tout le monde, c'est de se bien conduire. Après quelques années, on est noté comme bon sur le rapport de l'inspecteur-général des prisons, et quelque temps après on obtient sa grâce. C'est la manière que j'ai adoptée, comme celle qui convient le mieux à mon tempérament. Moi, il m'est très-facile de me bien conduire, tandis qu'il me serait très-difficile de faire comme le Corse.

— Qu'a-t-il fait, le Corse?

— Il a pris la seconde manière.

— Et elle consiste?

— Attendez donc. Ce Corse avait un ennemi là-bas, un ennemi de famille. Ils appellent cela être en vendetta. Je les connais, les Corses, j'en ai eu pour clients à Marseille. Ce sont de fameux...

— Parlez-moi donc de celui qui a pris la seconde manière.

— Nous y sommes. Il avait un ennemi qu'il rencontra à la brume dans un maquis, à Olmetto, un de leurs villages. L'occasion était bonne ; il lui donna un coup de couteau.

— C'est-à-dire qu'il l'assassina.

— Vous parlez comme les juges ; mais là-bas ça porte un autre nom : on appelle cela *faire une peau*. Bref, après avoir fait sa peau il devint bandit. Les voltigeurs et les gendarmes le traquaient, mais les paysans lui donnaient partout asile et hospitalité, et le respectaient parce qu'il avait obéi à la loi du sang. Au bout d'un an il fut pris, et les juges, admettant les circonstances atténuantes, l'envoyèrent ici.

— Et ici que devint-il?

— L'ennui lui donna le mal du pays, si bien que ce mal fut l'occasion d'une maladie véritable, et il entra à l'hôpital. Les médecins ne comprenaient rien à ce tempérament, mais ils gardaient le malade pour essayer de le guérir par à peu près.

— Tout cela ne me dit pas la seconde manière. Laissez les médecins ; parlez-moi du Corse.

— J'y viens. Ce Corse avait un ami. Dans ce pays, les amitiés sont aussi fidèles que les inimitiés sont terribles. Son ami passa donc sur le continent. Il obtint la permission de le visiter à l'hôpital, et là ils formèrent ensemble un plan d'évasion.

— Voyons cette évasion. Elle doit ressembler à toutes les évasions du bagne.

— Jugez - en. L'ami apporta pièce à pièce tout ce qu'il fallait pour se déguiser. Il cacha tout dans le matelas du malade. Même il apporta une de ces marottes en carton auxquelles les modistes essaient leurs bonnets. Le soir venu, le malade profite du moment où les sœurs et les gardiens ont le dos tourné, s'habille à la hâte, met dans son lit la marotte qu'il coiffe de son bonnet de coton, orné de son ruban, et sort de l'hôpital sans être arrêté. Il traverse la grande rade à la nage et arrive là-bas à l'isthme des Sablettes et au cap Sicié. Un bateau en partance le recueille comme un naufragé. Son ami était déjà à bord. Il est reconnu par lui comme Corse. Le bateau les a déposés tous deux sur la côte, et maintenant ils sont dans les montagnes de leur île.

— Et le canon d'alarme ?

— On le tira bien, mais quand il n'était plus temps.

— Vous ne trouvez donc pas que cette

seconde manière soit la bonne pour sortir d'ici ?

— Il y en a pour qui c'est la meilleure, mais pour moi elle ne vaut rien.

— Pourquoi ?

— D'abord parce qu'il faut être très-fort et très-adroit pour réussir, et que je ne suis ni fort ni adroit. Je ne suis fort qu'avec ceci.

Arnault de Fabre montrait une plume.

— Ensuite, parce que je ne sais pas nager ; en troisième lieu, parce que je suis trop gros et que mon obésité me ferait toujours reconnaître ; enfin, je n'en finirai pas.

— Finissez, finissez...

— Eh bien ! il faut quelqu'un qui vous aide avec dévouement, et je n'ai personne ; il faut de l'argent et je n'ai pas le sou, moi qui ai fait trois cent quarante-trois faux.

— Vous préférez alors rester ici?

— Oui, et attendre.

— Bon courage!

— Oh! ayez-en autant que moi seulement. Je suis très-bien ici; l'ordinaire est bon; il m'est plus facile de me bien que de me mal conduire. Dans quatre ou cinq ans, on me fera changer de résidence; on m'enverra à Brest ou à Rochefort; je ferai une action d'éclat et on me donnera ma grâce pour récompense.

— Quelle action d'éclat ferez-vous?

— Je sauverai un homme.

— Comment! quel homme?

— Un homme qui se noiera.

— Vous venez de me dire que vous ne savez pas nager.

— Ce n'est pas nécessaire. Ces hommes ne se noient jamais. Mais on les sauve tout de même. Autrement, on empêche un ouvrier d'être écrasé ; on se distingue dans un incendie.

— Mais vous n'avez aucune des qualités qu'il faut pour se distinguer.

— Il suffit d'être porté sur le rapport.

— Tout cela me paraît bien chanceux.

— Pas autant que vous croyez. C'est que je n'ai pas tout dit.

— Achevez, alors.

— Eh bien ! si je n'ai pas ma grâce, j'espère devenir *payol*.

— C'est-à-dire comptable à Saint-Mandrier?

— Oui, comme M. Trabuc. Connaissez-vous M. Trabuc ?

— Nullement.

— C'est un charmant homme, très-bien à son affaire. Il vient me voir quelquefois, causer avec moi et faire son cent de piquet. Il a toujours le mot pour rire. C'est lui qui m'a donné l'idée de devenir payol. Ce peut être un avenir comme un autre. Qu'en pensez-vous ?

— C'est une bonne idée ; mais j'aimerais encore mieux la liberté.

— Et après tout, qu'en ferais-je, de la liberté, seul comme je suis en ce monde ?

— Vous avez raison, monsieur de Fabre ; en effet, que faisiez-vous quand vous étiez libre ?

— Ce que je fais en ce moment : je noircissais du matin au soir du papier timbré.

— Et votre existence était-elle heureuse ?

— Je n'avais pas le temps de me rendre compte de ma vie ; tous mes loisirs étaient pris. Je me couchais à la nuit, toujours très-fatigué par tant de feuilles de papier timbré que j'avais noircies, et en dormant je rêvais que je faisais des faux.

— Ma foi ! monsieur de Fabre, je vous trouve très-heureux. Il n'y a que le régime de la maison qui vous incommode sans doute ?

— Nullement, monsieur, je suis très-frugal de ma nature ; l'ordinaire de la communauté, je vous l'ai déjà dit, est assez bon. Les philanthropes veillent sur nous. On nous traite en enfants gâtés. L'autre jour on nous a donné des matelas et des traversins. En général, on ne se plaint pas... Vous verrez, monsieur, que vous vous habituerez au régime de la maison.

— Moi! monsieur de Fabre! oh! ce sera difficile! j'ai pris, moi, les habitudes épicuriennes de la jeunesse de Paris; je ne dors que sur des roses, et avant de me coucher, je regarde si elles n'ont pas de plis. A onze heures, je déjeune dans un café du boulevard, avec des huîtres, et cinq plats; à six, je dîne, en Lucullus; ensuite, j'ai des relations de coulisses qui ne sont pas sans quelque agrément; à dix heures du matin, on frappe doucement à ma porte, et mon réveil est assez doux. Il me faut un mélange de plaisirs bruyants et de plaisirs secrets. J'aime tout; j'ai toutes les passions, et j'ai inventé un huitième péché capital... Vous voyez donc bien, monsieur de Fabre, que le régime de la maison ne peut guère me convenir.

— Eh bien ! croyez-moi, monsieur, soyez sage pendant cinq petites années, et.....

— Sage pendant cinq siècles ! interrompit Benoît, y pensez-vous ! ma sagesse me tuerait et je n'en retirerais pas le fruit attendu.

— Alors quel est votre plan ? Que vous proposez-vous de faire ?

— Je n'en sais rien, dit Benoît en fixant la terre.

— Êtes-vous ici pour quelque chose de grave ?

— J'y suis pour avoir assassiné un homme que je n'ai pas assassiné, et pour avoir commis un attentat sur une femme que je n'ai jamais touchée du bout du doigt.

— Pas possible, monsieur !

— C'est comme je vous le dis... Quand la justice condamne, il y a toujours quelque chose de vrai au fond du procès, mais la vérité exacte n'est jamais connue. C'est ce qui m'arrive à moi, monsieur de Fabre.

— Quant à moi, je ne puis pas en dire autant; j'ai fait 343 faux, d'après la justice; mais la vérité pure est que j'en ai fait 596. On m'a exposé au carcan sur le cours Saint-Louis, et j'ai reconnu autour de moi, dans la foule, toutes mes victimes; elles étaient furieuses contre moi, et si un régiment de ligne ne m'eût protégé comme une relique, mes victimes m'auraient mis en lambeaux.

— Vous devez avoir passé alors un bien mauvais quart-d'heure, monsieur de Fabre?

— Non; j'étais calme comme je le suis devant vous. Je ne connais ni la peur, ni le courage; quand je ne commets pas un faux, je n'existe pas, je ne sens rien, je ne vois rien... En arrivant ici, on m'a donné pour occupation de l'étoupe à faire : savez-vous ce que j'ai fait?

— Non.

— J'ai fait de l'étoupe fausse. L'inspecteur s'en est aperçu quoiqu'il soit inspecteur, et on m'a retiré mon travail. Je suis oisif, comme un chanoine; voilà ce qu'on appelle les travaux forcés. Il est vrai que j'ai beaucoup de protections.

— Et comment avez-vous gagné ces protections, monsieur de Fabre?

— Par ma bonne conduite. Il y a une foule de personnnes qui affirment que je suis une victime innocente, et que je n'ai jamais fait le moindre faux. Ces personnes d'ailleurs ont raison. Je n'ai pas un sou, donc je suis innocent.

— Monsieur de Fabre, dit Benoît d'un ton poli, on est bien aise, lorsqu'on entre ici, de trouver des hommes bien élevés comme vous, et j'espère que vous m'accorderez votre amitié et votre estime.

— Elles vous sont acquises, monsieur, puisque vous êtes innocent.

— Maintenant, monsieur de Fabre, instruisez mon ignorance de novice.

— Parlez, monsieur ; mais baissez la voix, parce qu'il y a des oreilles partout.

— Merci de votre bon avis, monsieur de Fabre ; si je voulais écrire une lettre confidentielle à ma famille, comment pourrais-je m'y prendre ?

— Rien n'est plus difficile, et rien n'est plus aisé... Je vous offre votre part dans la tolérance qu'on m'accorde. Voici des plumes et du papier timbré.

— Vous n'avez pas d'autre papier ici ?

— Non, monsieur; il me serait impossible d'en toucher d'autre : c'est ma seule consolation.

— Allons, soit, j'écrirai ma lettre à ma famille sur papier timbré... Mais, monsieur de Fabre, il faut ensuite que vous m'indiquiez le moyen de faire jeter ma lettre à la poste... Une lettre pour mon père !... mon malheureux père !

Benoît feignit d'essuyer deux larmes absentes de ses yeux.

— Monsieur, dit Arnauld de Fabre, on

ne doit jamais commettre de crimes quand on a un père !

— Aussi n'en ai-je point commis, mon cher monsieur de Fabre; je suis ici par une de ces distractions si communes dans le temple de l'aveugle Thémis.

Cette phrase mythologique fit une profonde impression sur l'ex-notaire Arnauld.

— Eh bien ! dit-il, presque ému, écrivez votre lettre et je la ferai mettre à la poste demain par le premier de mes protecteurs qui viendra me visiter.

Benoît était arrivé à ses fins, il écrivit une lettre, que nous trouverons dans la série des terribles événements qui se préparent, et il ne laissa lire que l'adresse, ainsi conçue : *A Monsieur Lecerf, au château de Madame Aubigny, à Bougival. Paris, banlieue.*

Arnauld de Fabre prit la lettre avec l'idée d'en faire un faux et promit de l'envoyer à sa destination.

Benoît respira, comme s'il avait vu s'ouvrir devant lui la grille du bagne de Toulon.

FIN DU DEUXIÈME VOLUME.

Coulommiers. — Imprimerie de A. MOUSSIN.

TABLE DES CHAPITRES

DU DEUXIÈME VOLUME.

	Pages.
Chap. I. Une nuit de terreur.	5
— II. Un nouveau monde parisien.	33
— III. La peine du talion.	59
— IV. Le mot après l'énigme.	81
— V. Le crime au tribunal.	103
— VI. Nouvelles découvertes.	127
— VII. Une apparition de nuit.	145
— VIII. Grégoire Mâchefer.	167
— IX. Une première vengeance.	197
— X. La lionne blessée.	223
— XI. Hermione et Oreste.	245
— XII. Retour d'Oreste.	267
— XIII. A l'arsenal de Toulon.	291

FIN DE LA TABLE DU DEUXIÈME VOLUME.

A LA MÊME LIBRAIRIE, EN VENTE.

NOUVEAUTÉS DE 1850, 1851 ET 1852.

Le Vengeur du Mari, par Emmanuel Gonzalès	3 vol. in-8.
Les Amours de Bussy-Rabutin, par Madame Dash	4 vol. in-8.
Esaü le Lépreux, par Emmanuel Gonzalès	5 vol. in-8.
La Marquise sanglante, par Mme Dash	3 vol. in-8.
Taquinet le Bossu, par Paul de Kock	2 vol. in-8.
Les deux Favorites, par Emmanuel Gonzalès	3 vol. in-8.
La Tulipe noire, par Alexandre Dumas	3 vol. in-8.
Francine de Plainville, par Madame Bodin, roman de bonne compagnie entièrement inédit, complet, en	3 vol. in-8.
Jean et Jeannette, par Théophile Gautier	2 vol. in-8.
La Maison Dombey père et fils, par Charles Dickens, traduction de Benjamin Laroche	2 vol. in-8.
Jeanne Michu, la bien-aimée du Sacré-Cœur	4 vol. in-8.
Les Mystères de Rome, par Félix Deriège	6 vol. in-8.
Georges le Montagnard, par de Bazancourt	5 vol. in-8.
Clémence, par Mme la comtesse Dash	3 vol. in-8.
Diane de Lys et Grangette, par Al. Dumas fils	3 vol. in-8.
Les Confidences d'une Jeune Fille, par Falaize	3 vol. in-8.
Salons et Souterrains de Paris, par Méry	5 vol. in-8.
André Chénier, par le même	5 vol. in-8.

AVIS.

Par traité régulier et enregistré avec M. Méry, j'ai seul le droit d'autoriser les reproductions de toutes ses œuvres, publiées jusqu'à ce jour, au nombre de vingt-huit volumes.

M. Méry, qui s'est déclaré délié de tout traité antérieur, s'est aussi engagé à ne laisser vendre ni donner en prime tout ou partie de ses œuvres.

En conséquence, toute reproduction sera poursuivie comme contrefaçon.

Paris, le 25 août 1851.

BAUDRY.

www.ingramcontent.com/pod-product-compliance
Lightning Source LLC
Chambersburg PA
CBHW060357170426
43199CB00013B/1904